Gärtnern mit Mond & Planeten

Norbert Kaschel

Gärtnern mit Mond & Planeten

Die besten Gartentipps für die Praxis

KOSMOS

Bunte Blüten

Gesundes Beerenobst

Wurzelfrüchte

GESCHICHTE UND ENTWICKLUNG

Der Kosmos hat die Menschen seit jeher fasziniert. Die Babylonier waren die Väter der Astronomie. Sie entdeckten die Sternbilder und verliehen ihnen ihre heutigen Namen. Das Wissen, wie Mond und Gestirne das Pflanzenwachstum beeinflussen können, verdanken wir genauer Beobachtung und der Forschung, die als erster Rudolf Steiner ins Leben rief.

Beobachtung und Forschung

Die Frage über das Einwirken von Mond und Gestirnen auf das Geschehen auf unserer Erde hat die Menschen schon immer beschäftigt. Unsere Urahnen haben ihre Umgebung genau beobachtet und festgestellt, dass zu Vollmond- und zu Neumondzeiten, aber auch während bestimmter Konstellationen Pflanzen besser wachsen und Tiere sich anders verhalten. Diese Erfahrungen wurden von Generation zu Generation weitergegeben, und so ist es nicht verwunderlich, dass heute das meiste Wissen über die Wirkungen des Mondes aus den Bereichen der Landwirtschaft und des Gartenbaues stammen.

Ob beim Fällen des Holzes, beim Ausbringen des Stalldüngers, bei der Bodenbearbeitung, beim Schlachten, beim Schneiden von Reisig für Besen oder bei der Aussaat und Ernte: Die Bauern wussten und wissen noch immer, wie sehr der Erfolg und der Misserfolg vieler dieser Tätigkeiten vom Stand des Mondes am Himmelszelt beeinflusst wird.

Die Bedeutung des Mondes früher und heute

Die monatlichen Bewegungen des Mondes waren in der Geschichte neben dem Lauf der Sonne weltweit eines der ersten und verlässlichsten Mittel zur Zeiteinteilung. Die ältesten Kalender vieler antiker Hochkulturen basierten auf den Mondbewegungen. Das prominenteste Beispiel dafür ist das alte Rom. Dort berechnete man lange Zeit die Dauer eines Monats und eines Jah-

Vom schalen Mondlicht geht eine besondere Mystik aus.

res nach den zwölf synodischen Mondumläufen.
Der Mondkalender wurde erst wieder abgeschafft, als Julius Cäsar während eines Besuches bei seiner Geliebten, Kleopatra, das ägyptische Sonnenjahr mit 365 Tagen kennen lernte und in Form des nach ihm benannten „Julianischen Kalenders" einführte.
Bis in unsere Zeit haben die Menschen dem Einfluss der Sonne immer mehr Bedeutung beigemessen als den Kräften des Mondes. Die Sonne spendet Licht und Wärme, lässt Wolken entstehen und sorgt für ein angenehmes Klima auf unserem Planten. Der Mond hat dagegen – oberflächlich betrachtet – geringen Einfluss auf unser Leben: Eine Mondwirkung, die wir alle kennen, ist die Regelung der Gezeiten. Während sich die Erde einmal um ihre eigene Achse dreht, wird, durch die Schwerkraft des Mondes bedingt, das Wasser zum Mond hingezogen. Dabei entstehen zwei Flutberge. Der eine auf der dem Mond zugewandten Seite und der zweite auf der genau gegenüberliegenden Seite. Dazwischen herrscht Ebbe (siehe Grafik).
Es gibt viele Tiere, die im Sand des Strandbereiches leben und ihre Aktivitäten an die Ebbe-Flut-Periodik und das Mondlicht angepasst haben.

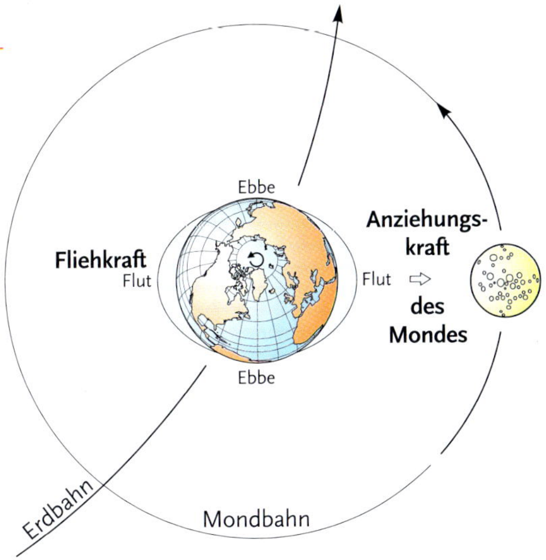

Ebbe und Flut entstehen durch die Anziehungskraft des Mondes.

Ähnlich diesem, in der Wissenschaft als „Lunarperiodik" bezeichneten Phänomen, gibt es in der Natur zahlreiche Beispiele, wie der Mond und die Sterne auf Tiere und Pflanzen Einfluss nehmen können. Die meisten davon wurden jedoch allzu oft als „Aberglaube" belächelt und daher selten genauer untersucht.

ERSTE WISSENSCHAFTLICHE ARBEITEN

Trotz aller Skepsis gab es in der Vergangenheit immer wieder Menschen, die dem Mond seine kosmischen Kräfte zutrauten und sie wissenschaftlich untersuchten. Eine dieser Ausnahmen, die jedem Aberglauben mit Sicherheit fern stand, war die Benedikti-

Rudolf Steiner erkannte die Bedeutung des Mondes für das Pflanzenleben.

nerin Hildegard von Bingen (1098 – 1179). Sie schreibt in der „Physica" über den Einfluss des Mondes auf Bäume, Getreide, Kräuter, Weinreben und Gemüse. Im historischen „Küchengartenbuch", niedergeschrieben im Jahr 1776 bis 1778, von Richard Bradley, Professor der Botanik zu Cambridge, wird von der Natur der Himmelskörper und deren besonderem Einfluss auf Pflanzen gesprochen.

RUDOLF STEINERS LEHRE

Die Bedeutung des Mondes für das Pflanzenwachstum erkannt hat der Naturwissenschaftler und Philosoph Rudolf Steiner. Steiner löste sich in jungen Jahren von der rein technisch-naturwissenschaftlichen Weltanschauung und entwickelte zu Beginn des ersten Weltkrieges für viele Bereiche des täglichen Lebens, u.a. für die Landwirtschaft, eigene geisteswissenschaftliche Grundlagen. Im Rahmen einer naturwissenschaftlichen Vortragsreihe sprach er im Juni 1924 davon, dass am Pflanzenwachstum der ganze Himmel mit seinen Sternen beteiligt ist. Diese These ließ er in der biologischen Forschungsabteilung des Goetheanums, dem geistigen Zentrum der anthroposophischen Gesellschaft, wissenschaftlich überprüfen. Die Leiterin dieses Institutes, Dr. Lilly Kolisko, führte dazu in den Jahren 1926 bis 1928 umfangreiche Aussaatversuche mit Mais durch. In dem Versuch hatte sie Mais zu unterschiedlichen Zeiten gesät und sein Wachstumsverhalten ein Jahr lang kontrolliert. Sie fand heraus, dass die Maispflanzen, die zwei Tage vor Vollmond gesät wurden, deutlich schneller wuchsen und kräftiger wurden als die anderen Maispflanzen. Erstaunlich war, dass der Vorsprung, den die kleinen Pflanzen zeigten, bis zur Ernte gleich blieb. Den positiven Impuls gaben die Pflanzen auch an Folgegenerationen weiter, wie spätere Aussaatversuche mit dem Saatgut dieser Pflanzen zeigten. Überraschend schlecht war in den Versuchen der Ertrag bei Aussaat zwei Tage vor dem Neumond. Nur wenige Maispflanzen dieser Saat setzten später Kolben an. Die Forschung von Lilly Kolisko kann als Pionierarbeit bezeichnet werden, und in ihrer Arbeit konnte zum ersten Mal der Einfluss des Mondes auf das Pflanzenwachstum bewiesen werden.

An Mais wurde die vitalisierende Wirkung des Mondes erstmals belegt.

DIE ENTSTEHUNG DER AUSSAATKALENDER

Die Forschungsergebnisse und die damaligen Erkenntnisse über den Mond und sein Wirken auf die Pflanzen haben einen anderen Steiner-Schüler, Franz Rulni, dazu bewegt, günstige Aussaattermine für die Zukunft zu berechnen. Rulni hat auf der Grundlage der astronomischen Gegebenheiten 25 Jahrgänge von Aussaatkalendern als Empfehlung für die Landwirtschaft ausgearbeitet. Durch seine jahrelangen Vortragsreisen ist Franz Rulni sehr bekannt geworden.

Etwa seit 1960 macht Maria Thun, eine biologisch-dynamisch wirtschaftende Landwirtin aus Hessen, durch Aussaatempfehlungen, die auf den Ergebnissen von breit angelegten Versuchen basieren, auf sich aufmerksam. Zu den Versuchen ermuntert wurde Maria Thun durch die Beobachtung, dass es in ihrem Garten erstaunliche Unterschiede in der Entwicklung von Gemüsen gab, die nur wenige Tage hintereinander ausgesät oder gepflanzt wurden.

Auf der Grundlage ihrer Erfahrungen publizierte sie 1963 im Eigenverlag erstmals einen Aussaatkalender, der unter den Anhängern der anthroposophischen Lehre sehr geschätzt wird.

Sternbilder und Tierkreis

Wenn wir heute nach Mond und Planeten gärtnern, so tun wir das auf der Basis fundierter, astronomischer Grundlagen. Die Astronomie, die Sternenkunde, ist eine sehr alte Wissenschaft, die ihren Anfang zwei- bis dreitausend Jahre vor Christus in der Gegend des heutigen Iran hatte. Damals lebten im so genannten Zweistromland zwischen den Flüssen Euphrat und Tigris zahlreiche Völker, die sich mit der Beobachtung des Himmels und der Planeten wissenschaftlich auseinander setzten. Von einem dieser Völker, den Chaldäern, stammt die Beobachtung, dass die Sonne im Laufe eines Jahres auf ihrer Bahn vor zwölf immer wiederkehrende Sternbilder zieht. Sie gaben diesen Sternbildern Namen, die wir, dank der Übernahme der babylonischen Kenntnisse durch die Griechen, zum Großteil heute noch verwenden.

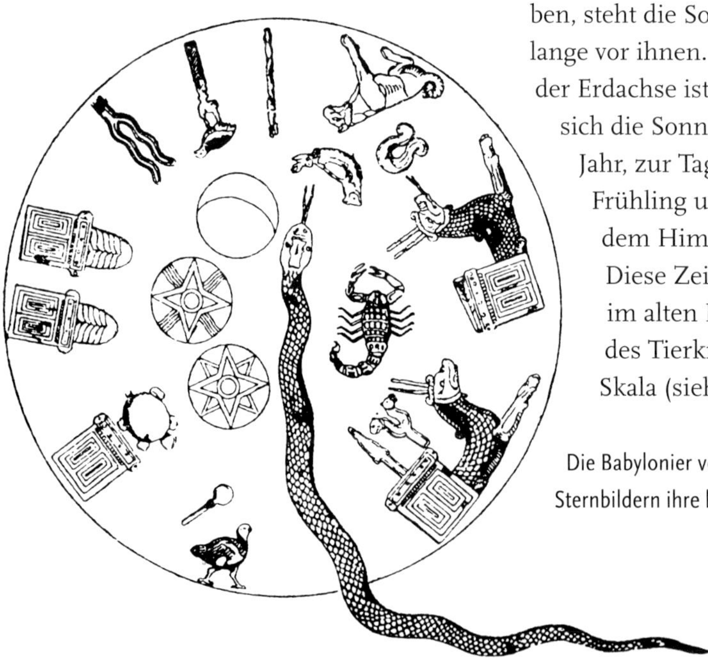

Astronomie oder Astrologie

Der Gürtel der Sternbilder, an denen die Sonne während eines Jahres vorüberzieht, wird Tierkreis oder lateinisch Zodiacus bezeichnet. Da die Sternbilder unterschiedliche Ausmaße haben, steht die Sonne unterschiedlich lange vor ihnen. Durch die Neigung der Erdachse ist es nun bedingt, dass sich die Sonnenbahn zweimal im Jahr, zur Tagundnachtgleiche im Frühling und im Herbst, mit dem Himmelsäquator kreuzt. Diese Zeitpunkte nutzte man im alten Babylon zur Einteilung des Tierkreises in eine 360°-Skala (siehe Grafik). Der Früh-

Die Babylonier verliehen den Sternbildern ihre heutigen Namen.

lingsanfang ist der Nullpunkt bzw. Startpunkt dieser Skala. Beginn und Ende der darauf folgenden Sternzeichen sind ebenfalls durch eine Gradzahl definiert. Tatsächlich ist der Frühlingsanfang aber keine Konstante und verschiebt sich aufgrund der komplizierten Taumelkreiselbewegung der Erde alle 70 Jahre um etwa 1 Grad. Zu der Zeit der Babylonier lag der Frühlingspunkt im Widder. Heute steht die Sonne am 21. März genau vor dem Sternbild der Fische. Den Tierkreis mit seiner charakteristischen Abfolge an Sternbildern hat sich auch die Astrologie für die Deutung und die Vorhersage von Schicksalen der Menschen zu Eigen gemacht. In der Astrologie spricht man aber im Gegensatz zur Astronomie nicht von Sternbildern, sondern von Tierkreiszeichen. Die Tierkreiszeichen der Astrologie entsprechen zwar von der Abfolge den Realitäten am Himmel; nur sind sie in gleichmäßigen Abständen von jeweils 30° um den Tierkreis angeordnet. Nach diesen Abschnitten werden auch die Horoskope und Aszendenten berechnet.

Astronomische Sternbilder und astrologische Tierkreiszeichen unterscheiden sich.

UNTERSCHIEDLICHE AUSSAATKALENDER?

Durch die ständige Verschiebung des Frühlingspunktes und die Größenunterschiede zwischen den astronomisch realen Sternbildern und den astrologisch idealisierten Tierkreiszeichen ergeben sich gewaltige Unterschiede in den Eintrittsdaten bestimmter Konstellationen.

Bei einigen Kalendern, die es heute zu kaufen gibt, wurden die astrologischen Daten verwendet. Bei Pflanzen, die nach diesen Daten ausgesät oder gepflegt wurden, kann nur der Zufall, keineswegs aber eine wissenschaftlich fundierte Konstellation, über Gedeih und Verderb entscheiden.

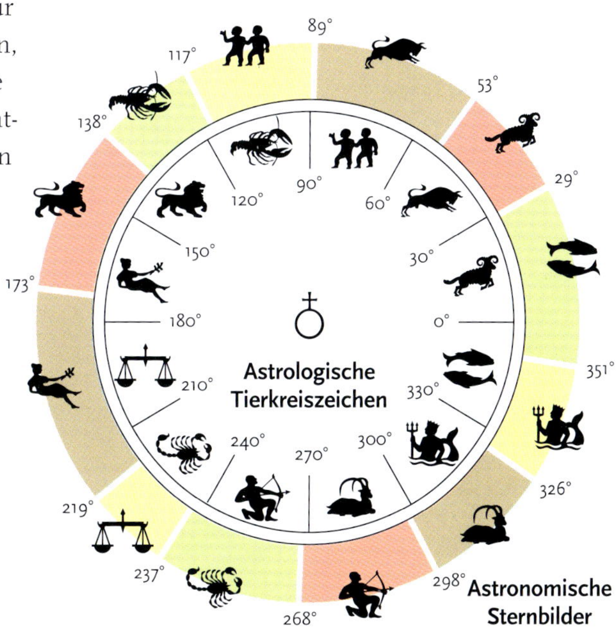

MEINE FORSCHUNGEN

Gesunde Rosen in meiner Baumschule

Bis Anfang der siebziger Jahre waren in deutschen Gartenbaubetrieben biologische Mittel zur Schädlings- und Schaderregerbekämpfung weitgehend unbekannt. Wenn wir in unserem Baumschulbetrieb größere Probleme mit Pilzbefall oder Schädlingen hatten, wurden diese mit den üblichen Fungiziden und Insektiziden bekämpft und man hoffte, der Befall würde sich in den nächsten Jahren nicht mehr so häufig zeigen. Genau das Gegenteil war der Fall: Viele Pilze und Schadinsekten wurden gegen die Mittel resistent, und schon bald half nur noch der Einsatz neuer, wirkungsvollerer Mittel gegen die alljährlichen Kalamitäten. Ich fragte mich „Was mache ich falsch?“, bis eines Tages die ersten biologischen Präparate auf der Basis von Schachtelhalm im Fachhandel zu bekommen waren. Ich besorgte mir erst nur eine kleine Menge und behielt, für den Fall, dass das Mittel nicht wirken würde, einen Vorrat an Fungiziden griffbereit im Keller. Das fertig angerührte Mittel musste damals erst angegoren werden, bevor man es mit der Spritze ausbringen konnte. An einem windstillen Abend versprühte ich mit einer normalen Rückspritze das erste Mal ein biologisches Präparat auf meine mit mehltau befallenen Rosen. Die Wirkung des Mittels und vor allem die Nachhaltigkeit der Anwendung hat mich überwältigt. Die Pilze verschwanden und kamen nicht mehr wieder.

BESUCH VON TAGUNGEN UND SEMINAREN

Von da an begann ich mich mehr für die Sache zu interessieren. Ich hörte etwas später von meinem Hausarzt von einer Tagung für biologisch-dynamischen Landbau in Paderborn. Ich fuhr hin und kam dort das erste Mal mit der Lehre von Rudolf Steiner in Berührung. Vieles, was ich dort gehört habe, hat mich bewegt und überzeugt. Ich habe mich an meine Lehrzeit in den 40er Jahren erinnert, und mir wurde deutlich, dass die Pflanzenwelt früher einfach gesünder war. In meinem Lehrbetrieb haben wir Rosen und Obstbäume nie mit solch chemischen Mitteln behandeln müssen, wie man sie heute immer noch anwendet. Ich musste mich in einem Umdenkungsprozess zu einer anderen Sicht der Dinge durchringen. Dieser Umdenkungsprozess führte mich schließlich hin zur konsequenten Verwirklichung der biologischen Arbeitsweise.

Seit meiner ersten Tagung in Paderborn habe ich viele weitere Seminare, Kurse und Vortragstagungen besucht und habe mir jedes Mal ein bisschen Lesestoff mitgebracht. Ich erfuhr hier auch zum ersten Mal, dass der Mond und seine Stellung vor den Gestirnen das Pflanzenwachstum beeinflussen kann. Dieser interessante Zusammenhang animierte mich, mich mit diesem Thema in den folgenden Jahren, in Praxis und Theorie, näher zu befassen.

MEINE ERSTEN BEOBACHTUNGEN

Zunächst habe ich einfach damit begonnen, in meinem eigenen Betrieb sämtliche Arbeiten mit dem Datum schriftlich festzuhalten, um die Reaktionen der Pflanzen auf die Konstellation – sei es bei der Vermehrung, beim Pflanzen, beim Veredeln oder beim Schnitt von Jungpflanzen und Obstbäumen – im Nachhinein besser beurteilen zu können.

Etwas später, als ich durch den Besuch von Fachtagungen, Vorträgen und Fortbildungen eingehend mit der biologisch-dynamischen Wirtschaftsweise ver-

Edelrose 'Duftgold'

traut war, besorgte ich mir die Ergebnisse von landwirtschaftlichen Sortenversuchen und begann, den Einfluss des Mondes auf wissenschaftlicher Basis zu untersuchen. Doch bevor ich darauf näher eingehe, möchte ich auf einen wichtigen Zusammenhang hinweisen.

Besonders gesundes Gemüse wächst in Mischkultur.

GÄRTNERN NUR IN BIOLOGISCH GEPFLEGTEN BÖDEN?

In den Kursen erfuhr ich, dass eine Grundvoraussetzung für den Erfolg des biologisch-dynamischen Landbaues ein im biologischen Sinne hochaktiver Boden ist. Ein solcher Boden ist belebt und frei von allen Rückständen der früher verwendeten Mittel. Pflanzen, die in einem solchen Boden wachsen, dürfen nicht wie im konventionellen Anbau mit Einzelnährstoffen ernährt werden. Die Pflanzenernährung im Sinne einer biologisch-dynamischen Wirtschaftsweise erfolgt über die Ernährung des Bodenlebens durch Kompost. Der gut ernährte Boden bildet so laufend genügend Mineral- und Düngerstoffe, welche die Düngung und somit das Gedeihen der Pflanze sicherstellen.

WAS MICH ZUR FORSCHUNG BEWEGTE

Nach Steiners Lehre ist die Pflanze ein Wesen aus zwei Kräftebereichen. Dem Kräftebereich Erde und dem Kräftebereich Kosmos. Die Erde muss, wie vorhin beschrieben, frei von chemischen Rückständen und in der Lage sein, die Pflanze aus sich heraus zu ernähren.

Der Kosmos kann sich zusätzlich günstig auf die Pflanze auswirken, aber nur dann, wenn sich die Pflanze auch in einem solchen Boden befindet. Meist wird beim Anbau auf die Pflege des Bodens Wert gelegt; der Kräftebereich Kosmos bleibt üblicherweise unbeachtet, und dadurch – so hört man immer wieder – seien auch Misserfolge zu begründen. Diese Aussage wollte ich nicht so einfach hinnehmen, da mich meine langjährige Praxis im konventionellen Anbau und meine schrittweise Umstellung auf die biologisch-dynamische Wirtschaftsweise das Gegenteil lehrte.

Um das zu beweisen, hatte ich die vorhin schon erwähnte Idee, die Ergebnisse von Versuchsaussaaten, die nachweislich nicht auf biologisch-dynamisch gepflegten Böden stattfanden, auf die Wirkungen kosmischer Konstellationen zu untersuchen.

Wenn meine Vermutungen richtig waren, hätten sich die kosmischen Einflüsse in den Aufzeichnungen der Protokolle wiederfinden müssen.

Gesagt, getan. Als Vorstandsmitglied im „Arbeitskreis ökologischer Landbau“ hatte ich ja die Möglichkeit, derartige Unterlagen zu beschaffen. In mühevoller Kleinarbeit verglich ich über einen Zeitraum von zehn Jahren die Ergebnisse der Versuchsprotokolle mit der Konstellation zum Saat- bzw. Pflanztermin.

DIE VERSUCHSDURCHFÜHRUNG

Da die Versuche ursprünglich dazu angelegt waren, die Anbaueignung bestimmter neuer Gemüsesorten für den Markt zu testen, galt es, aus der Fülle der Informationen, die in den Protokollen standen, die für mich wichtigen

Ein gesunder Boden lässt sich leicht durchwurzeln.

Angaben herauszufiltern. Um Ihnen einen Eindruck davon zu vermitteln, wie ich bei meiner Arbeit vorgegangen bin, ist auf dieser Seite ein Auszug aus dem Protokoll eines Salatversuchs zusammen mit der Konstellation zum Aussaat- bzw. Pflanztermin abgedruckt.

In der Spalte für die Bonitierung habe ich das Versuchsergebnis jeder Einzelsorte zusammengefasst. Man kann erkennen, dass es in diesem Versuch um den Marktwert verschiedener Salatsorten ging. Wichtig beim Salatanbau ist z.B. die Geschlossenheit des Kopfes, eine hohe Ernte und ein schönes Blatt. In anderen Versuchen, z.B. mit Tomaten, interessierte unter anderem die Größe oder die Ausfärbung der Früchte. Bei Blumenkohl und Brokkoli war es die Kopfgröße, bei Kohlrabi die Konsistenz der Knolle. Aber egal, um welchen Sortenversuch es sich handelte, ich suchte in den Ergebnissen immer nach einem Zusammenhang zwischen der Bewertung und der Konstellation, die zum Aussaatdatum herrschte. Die genauen Konstellationen für die Pflanz- und Saattage entnahm ich dem Dornacher

Auszug aus Versuchsprotokoll 'Salatsorten'

Sorte	Aussaat/Pflanzung	Konstellation	Bewertung/Vesuchsergebnis
Atlanta	14.07.90	Fische	Kopfbildung sehr gut, Kopffestigung sehr gut, Geschlossenheit der Basis sehr gut, gutes Umblatt: Kopf-Verhältnis
Miriam	12.05.90	Skorpion	Kopfbildung gut, Kopffestigkeit gut, Geschlossenheit der Basis sehr gut, Aberntung 82%, Kopfgewicht 440 g, Gesamtwert gut
Pontiac	14.05.92 / 04.06.92	Jungfrau / Mond in Erdnähe (Pg)	späte und mäßige Kopfbildung, an der Basis stärker faulend und dadurch höherer Putzaufwand, geringeres Durchschnittsgewicht, geringerer Anteil marktfähiger Köpfe
Rolex	16.05.91 / 13.06.91	Zwilling / Mond in Erdnähe (Pg)	blasiges Blatt, Kopfbildung unausgeglichen und z.T. nur Rosetten, zu wenig Masse, zu starker Mehltaubefall, im Gegensatz zu den Züchterangaben stärker randend

Kohl und Salat nebeneinander gepflanzt

Sternenkalender. Darin sind die Stellungen des Mondes, der Sonne und der Planeten vor den Sternbildern nach astronomischen Grundlagen berechnet.
Bei meinen Auswertungen stellte ich sehr oft fest, dass das Ergebnis vieler Versuchsaussaaten oft nicht so ausfiel, wie es in den Versuchsanstalten aufgrund der guten Erfahrungen mit manchen Sorten zu erwarten gewesen wäre. Im Gegenzug hat sich aber gezeigt, dass unter positiven Konstellationen die Versuche oft besser als erwartet ausfielen. Diese Unterschiede führte ich auf die Wirkungen von günstigen und ungünstigen Konstellationen zur Zeit der Aussaat zurück. Damit wäre für mich der Beweis erbracht, dass es jedem Pflanzenanbauer – ganz gleich ob er biologisch-dynamisch oder konventionell wirtschaftet – möglich ist, gute Ergebnisse bei Aussaat und Pflanzung zu erreichen, wenn er sich nach den günstigen kosmischen Konstellationen richtet.
Über meine Erfahrungen und Erkenntnisse aus dieser Forschung habe ich später im Rahmen der Arbeitsgemeinschaften für biologisch-dynamische Wirtschaftsweise und der Landwirtschaftskammer Rheinland referiert. Es freut mich, dass meine Arbeit von unabhängigen Doktoren für Agrarwissenschaften geprüft und positiv bewertet wurde.
Auf den folgenden Seiten habe ich versucht, in jedem Kapitel die wichtigsten Ergebnisse meiner Arbeit einzuarbeiten. Die Versuchsergebnisse der Sortenversuche sind in tabellarischer Form wiedergegeben. Sie sind immer gleich aufgebaut: Am Anfang steht das untersuchte Gemüse, gefolgt vom Aussaattermin und der Konstellation. In den letzten beiden Spalten ist die Anzahl der untersuchten Sorten und die Anzahl der Sorten, die im jeweiligen Versuch ein positives Ergebnis gebracht haben, abgedruckt.

Kosmos und Pflanzenwachstum

Das Pflanzenwachstum wird durch kosmische Einflüsse gesteuert und verbessert. Bereits bei der Aussaat wird dieser Impuls aufgenommen. Der Mond, als erdnächster Himmelskörper, vermag die kosmischen Kräfte zu bündeln und auf die Erde zu spiegeln. Daher bringt die Aussaat und Pflanzung unter günstigen Konstellationen stets gesunde Pflanzen und reiche Ernte.

Die Mondwirkungen

Die stündlich und monatlich wandernden Sternbilder sind von der Erde aus mit bloßem Auge sehr leicht zu beobachten. Die Wirkungen, die sie unter dem Einfluss des Mondes und der Stellung der Planeten zueinander auf die Tier und Pflanzenwelt haben, sind dagegen komplex und für jemanden, der sich nur gelegentlich mit den astronomischen Gegebenheiten am Himmel befasst, oft nur schwer nachvollziehbar. Das liegt daran, dass wir in der Schule gelernt haben, uns die Erde als eine die Sonne jährlich umrundende Kugel und den Mond als einen die Erde monatlich umkreisenden Himmelskörper vorzustellen. Das ist zwar richtig, und daran will auch dieses Kapitel nichts ändern. Für das Verständnis, wie der Mond und die Gestirne ihre kosmische Wirkung auf unserem Planeten entfalten, ist es allerdings manchmal einfacher, zu einer Darstellung zu greifen, in der die Erde und nicht die Sonne im Mittelpunkt aller Geschehnisse liegt:
Auf der Zeichnung auf S. 25 ist die Erde der Mittelpunkt eines Systems, in dem Sonne und Mond um sie kreisen. Der äußere Rand zeigt die Sternbilder des Tierkreises. Das sind diejenigen zwölf Sternbilder, die schon die alten Babylonier entdeckt und ihnen wegen ihrer Lage eine besondere Bedeutung beigemessen haben.

Die Sonne und der Tierkreis

Wie wir schon wissen, durchwandert die Sonne den Tierkreis im Laufe eines Jahres genau einmal. Infolge der Neigung der Erdachse erscheinen die Sternbilder für den Betrachter auf der

Unzählige Sternbilder zieren den Nachthimmel.

Erde am Himmel zu den einzelnen Jahreszeiten unterschiedlich hoch. Im Sommer, wenn die Sonne hoch am Himmel steht, zieht sie an den Sternbildern Stier, Zwilling und Krebs vorbei. Diese Sternbilder stehen von der Erde aus betrachtet hoch am Himmel. Im Winter, wenn die Sonne ihre Bahn nur ganz flach über dem Horizont vollzieht, wandert sie an den Sternbildern Skorpion, Schütze und Steinbock vorbei. Dazwischen liegen die Sternbilder Wassermann, Fisch und Widder, welche den kosmischen Frühling anzeigen. Die Sternbilder Löwe, Jungfrau und Waage markieren den Herbst.

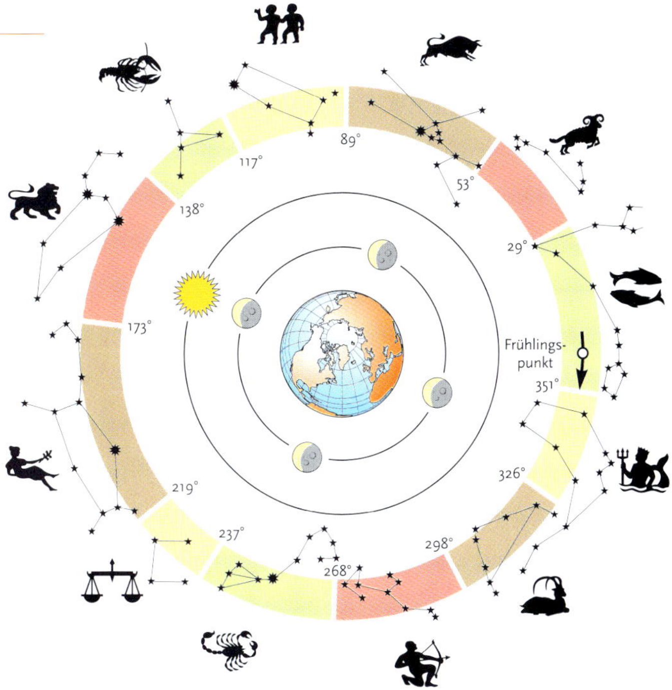

Die Sonne durchwandert die zwölf Sternbilder einmal im Jahr – der Mond jeden Monat einmal.

DER MOND UND DER TIERKREIS

Der Mond, der sich in knapp vier Wochen einmal um die Erde dreht, passiert all diese Sternbilder für jeweils zwei bis drei Tage. Sein Lauf vorbei am Tierkreis wird aufgrund der Stellung der Gestirne in den einzelnen Jahreszeiten in eine auf- und eine absteigende Mondbahn unterteilt. Das ist so zu verstehen, dass man von der aufsteigenden Mondbahn spricht, wenn der Mond in 14 Tagen vom tiefsten Sternbild, dem Schützen, durch die Sternbilder Steinbock, Wassermann, Fische, Widder, Stier bis zum höchsten Sternbild, dem Zwilling, wandert. Im umgekehrten Fall, wenn der Mond vom höchsten Sternbild zum tiefsten wandert, spricht man von der absteigenden Mondbahn.

WIRKUNGEN DES AUFSTEIGENDEN MONDES

Der Mond hat eine Wirkung auf alles Wässrige und beeinflusst in dieser Eigenschaft auch den Saftumlauf der

Pflanzen. Das heißt, während der Mond sich in seiner aufsteigenden Bahn zwischen den Sternbildern bewegt, wird der Pflanzensaft bzw. der Saftdruck im oberen Teil der Pflanze stimuliert.
Durch den gesteigerten Saftdruck nun kann die Pflanze während der aufsteigenden Mondphase in ihrem oberen Teil stärker wachsen. Diese Erfahrung ist alt und geht auf Beobachtungen bei der Pflanzenarbeit zurück.
Wenn man während der aufsteigenden Phase des Mondes Bäume schneidet, kann man erkennen, dass der Saft aus den Schnittflächen austritt. Am deutlichsten fällt das nach dem Schneiden von Nadelbäumen auf. Nach dem Schnitt eines Kiefernastes verharzt (auch im Winter) die gesamte Schnittfläche und das Baumharz tropft außerdem noch aus der Schnittfläche heraus. Man sagt, „der Baum blutet", und er hört erst wieder damit auf, wenn der Mond von der aufsteigenden zur absteigenden Phase wandert. Damit weicht dann der Saftdruck vom oberirdischen Teil der Pflanze in den unterirdischen, sprich die Wurzel.
Für die Praxis bedeutet diese Beobachtung, dass der Baumschnitt stets bei absteigendem Mond im Tierkreis durchzuführen ist. Der Saftverlust

Die Bauern wissen es: Gras wächst bei aufsteigendem Mond sofort wieder nach.

durch Ausbluten und Verharzen wird dadurch vermindert, und der Baum übersteht den Schnitt problemlos.
Meine Erfahrungen haben gezeigt, dass man Reiser für die Veredlung am besten bei Mondstand Widder (aufsteigender Mond) schneidet. Die Reiser bleiben dann länger frisch und die Anwuchsquoten sind höher.
Der hohe Saftdruck im oberirdischen Teil der Pflanzen hat auch eine positive Wirkung auf alle oberirdischen Früchte. Interessant ist, dass die aus diesen Früchten gekochte Marmelade auch besser geliert. Wurzelfrüchte hin-

gegen bleiben, im absteigenden Mond gepflückt, nach der Ernte länger frisch und saftig.
Ungünstig wirkt sich der aufsteigende Mond auf die Qualität von unterirdischen Pflanzenorganen wie Wurzeln oder Knollen aus. Das habe ich beobachtet an Möhren, die bei Mondstand Stier oder Zwillinge, also bei Höchststand der Mondbahn, geerntet werden. Der Saftdruck ist im oberirdischen Pflanzenteil, also im Möhrenkraut, vorherrschend. Das bei der Ernte abgeschnittene Möhrenlaub bleibt lange frisch auf den Beeten, während die Möhren selbst schnell trocken und welk werden.

WIRKUNGEN DES ABSTEIGENDEN MONDES

Während der absteigenden Mondbahn im Tierkreis wirkt der Mond ebenfalls im Wässrigen (im Pflanzensaft). Er sorgt dafür, dass der höchste Saftdruck im Wurzelbereich vorherrschend ist. In dieser Zeit wird verstärkt das Wachstum der unterirdischen Organe wie Wurzeln, Ausläufer oder Knollen gefördert. Das oberirdische Wachstum von Blättern, Stängeln und Früchten ist hingegen deutlich gehemmt. Die Pflanzenwelt reagiert ganz unterschiedlich auf den absteigenden Mond. Wenn die Bauern früher das Gras in den Morgenstunden für das Vieh mähten, konnten sie beobachten, dass das neue Gras manchmal sofort nach der Maht nachwuchs. Ein anderes Mal wieder, als das Wachstum durch den Saftdruck bedingt, mehr in die Wurzel ging, wuchs das Gras weniger schnell nach.
Man kann sich diese Eigenschaft heute für das Rasenmähen zu Nutze machen, indem man seinen Rasen einfach immer dann mäht, wenn der Mond von seiner auf- in die absteigen-

Schnittsalat treibt schneller nach, wenn man ihn bei aufsteigendem Mond erntet.

Das Aufgehen der Knospen im Frühjahr wird durch den Mond gesteuert.

de Mondbahn wechselt.
Die wechselnden Einflüsse des auf- und absteigenden Mondes lassen sich auch gut draußen beobachten. Wenn es einmal in der Natur vorübergehend nicht blüht oder das Wachstum stehen zu bleiben scheint, dann haben wir die absteigende Mondphase. Sofort nach Verlassen der tiefsten Mondstellung im Schützen haben wir die untere Mondwende und es setzt wieder oberirdisches Wachstum ein.

Besonders deutlich sind diese Erscheinungen im Frühjahr zu sehen: Die Blüten der Bäume und Sträucher bleiben im Schwellstadium stehen, die Blühkraft bleibt gestaut, und plötzlich scheint die Natur zu explodieren, über Nacht sind die Blüten aufgegangen. Das ist dann der Übergang zur aufsteigenden Bahn mit dem Saftanstieg nach oben. Machen Sie ruhig einmal ein Experiment mit Barbarazweigen, die Sie im absteigenden Mond schneiden. Im Gegensatz zu den im aufsteigenden Mond geschnittenen werden Sie an ihnen keine Blütenentwicklung feststellen können.
Ungünstig bei absteigendem Mond ist auch die Ernte von Schnittsalat. Weil der Saftdruck in der Wurzel ist, wächst er nicht sofort wieder nach, und man muss länger auf die nächste Ernte warten. Wurzelfrüchte ernten ist dagegen bei absteigendem Mond, am besten bei der Tiefstellung, günstig. Da die Früchte dann voll im Saft sind, bleiben sie länger frisch und lagern gut.

DIE PFLANZZEIT

Während der Mond auf das Wässrige unter der Erde, also die Wurzeln und Knollen einwirkt, bildet die Pflanze nach dem Verpflanzen sofort neue

Barbarazweige blühen nur, wenn sie bei aufsteigendem Mond geschnitten wurden.

Wurzeln und kann dadurch die Blätter mit Feuchtigkeit und Nährstoffen versorgen. Aus diesem Grund ist die Zeit des absteigenden Mondes gut geeignet für die Pflanzung von Gemüse, Gehölzen und Kräutern. Pflanzen, die während dieser Zeit ein- oder umgesetzt werden, welken nicht. Bei der Aussaat in der Pflanzzeit gilt es, die besonderen Erfordernisse der Pflanzen (s. Beitrag S. 46) zu berücksichtigen. Wenn möglich, sollte man die Pflanzzeit auch für die Düngung mit Kompost, Mist oder Gartenabfällen nutzen. Der Dünger wird dann schneller vom Bodenleben verarbeitet und steht den wachsenden Wurzeln zur Verfügung. Die außerordentliche Bedeutung der Pflanzzeit für das Gärtnern habe ich mit meiner Auswertung der Aussaatversuche deutscher Versuchsanstalten deutlich nachweisen können.

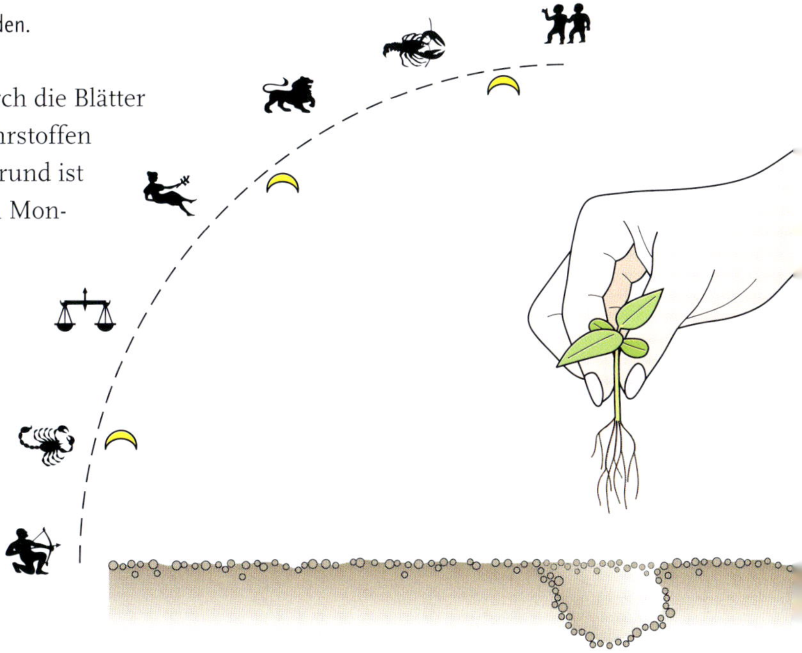

Die Pflanzzeit beginnt mit dem Zwilling und endet im Schützen.

Die Blatttage

Zur Pflanzenentwicklung gehören die vier Elementarkräfte Erde, Wasser, Licht und Wärme. Diese Einteilung ist natürlich und beruht auf folgenden Zusammenhängen:

1. Der Same ist der Erde ähnlich, und in der Erde erfolgt die Keimung.
2. Ohne Wasser kann es keine Keimung geben.
3. Mit der Blüte strebt die Pflanze zur Polarität des Lichtes.
4. Zur Bildung und Reifung von Frucht und Samen ist das Element Wärme erforderlich.

Die Wirkung der kosmischen Kräfte auf Pflanzen wurde durch die Forschungen Rudolf Steiners erstmals festgestellt und belegt. Zu dieser Zeit ist noch nichts darüber bekannt gewesen, ob und unter welchen Konstellationen das Wachstum bestimmter Pflanzengruppen gefördert oder geschwächt wird.

Diese Lücke hat Maria Thun mit ihren Beobachtungen der Pflanzung, Aussaat und Pflege von Gemüsen, Obst und Zierpflanzen geschlossen. Sie erkannte anhand der Reaktionen der

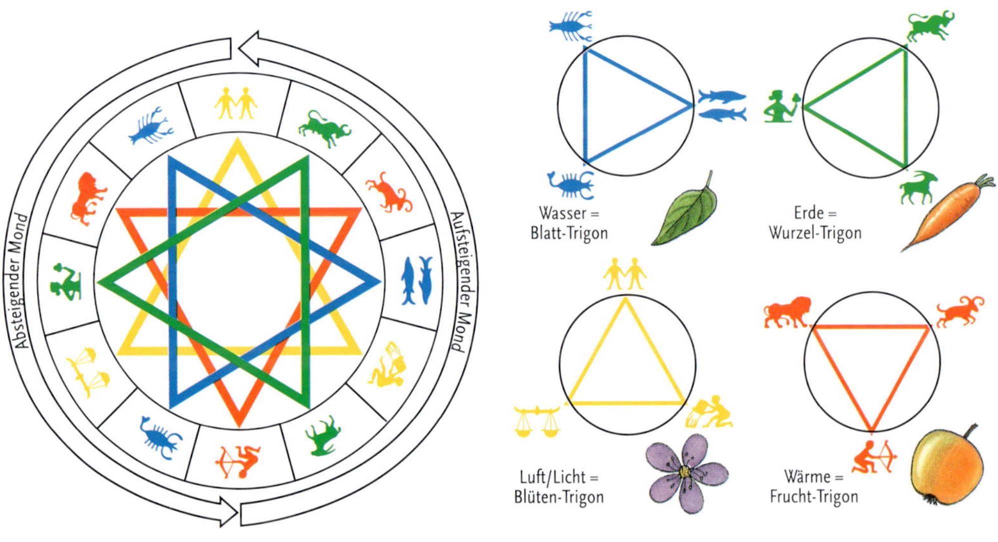

Jeweils drei Sternbilder bilden ein Trigon, das sich den verschiedenen Pflanzengruppen zuordnen lässt.

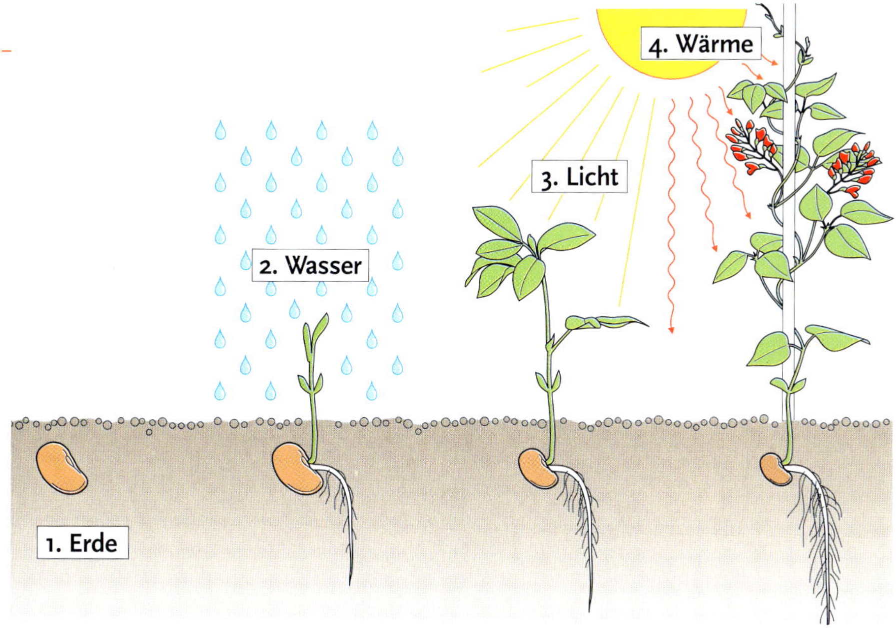

Die Pflanze braucht zum Gedeihen Erde, Wasser, Licht und Wärme.

Pflanzen, die unter einem bestimmten Sternbild gesät oder gepflanzt wurden, gewisse Gemeinsamkeiten. Diese Gemeinsamkeiten bestanden darin, dass immer drei bestimmte Sternbilder einen ähnlichen Einfluss auf die Pflanzen haben. Diese Sternbilder sind im Tierkreis durch vier gleichseitige Dreiecke, die sogenannten Trigone, dargestellt.

Die Wahl der vier Trigone entspricht der alten Einteilung des Tierkreises in die Feuer- (auch Wärmezeichen genannt), die Erd-, die Wasser- und die Lichtzeichen (auch Luftzeichen genannt). Jedes Sternbild-Trigon wirkt in ganz charakteristischer Weise auf eine Pflanze oder ein Pflanzenorgan.

WIRKUNG DER BLATTTAGE

Aus den drei Wasserzeichen Krebs, Skorpion und Fische werden Kräfte vermittelt, die im Blattbereich der Pflanzen wirksam werden. Die Tage, an denen diese Kräfte wirksam werden können, bezeichnet man als Blatttage. Zum Tragen kommen die Kräfte bei der Aussaat, der Pflege und der Ernte von Pflanzen, deren Erntegut im Bereich des Blattes liegt. Dazu zählen in erster Linie die Blattgemüse wie Kopfsalat, Schnitt- und Pflücksalat, Feldsalat, Endivien und Spinat. Aber auch Blattkräuter, wie z.B. die Petersilie, sowie Knollenfenchel, Porree und Kohlarten, außer Brokkoli, Blumenkohl und 'Romanesco', zählen dazu. Von

Geschmack und Qualität von Lagergemüse wird von der Konstellation geprägt.

letztgenanntem Gemüse erntet man die Blütenansätze, und daher sollten diese nicht an Blatt-, sondern an Blütentagen (s. S 36) gesät und gepflegt werden. Bei Nichtbefolgung dieser Regel bildet sich, wie meine Versuchsauswertungen gezeigt haben, zu viel Blattmasse.

SELLERIE UND TOMATEN AN BLATTTAGEN SÄEN?

Was für den Blumenkohl gesagt wurde, gilt auch für alle anderen Gemüsearten, deren Erntegut

EMPFEHLENSWERTE BLATTGEMÜSESORTEN

Gemüse	Botanischer Name	Sorten
Porree	*Allium porrum*	Blaugrüner Winter, Titan
Schnittsellerie	*Apium graveolens*	Gewöhnlicher Schnitt
Kohlrabi	*Brassica oleracea*	Blauer Speck, Lanro, Superschmelz
Rosenkohl	*Brassica oleracea*	Hilds Ideal
Rotkohl	*Brassica oleracea*	Mohrenkopf, Rodima
Chinakohl	*Brassica rapa*	Granaat, One Kilo SB
Radicchio	*Cichorium intybus*	Palla Rossa
Kopfsalat	*Lactuca sativus*	Siletta, Oliver, Merkur, Dolly, Ovaion, Arno
Spinat	*Spinacia oleracea*	Matador, Monnopa, Butterflay
Feldsalat	*Valerianella locusta*	Dunkelgrüner vollherziger, Vit
Mangold	*Beta flacescens*	Waliser, Genfer Spezial

nicht im Blattbereich liegt. Werden sie dennoch an Blatttagen gesät oder gepflanzt, neigen sie zu einer verstärkten Blattentwicklung. Das bedeutet, dass alle grünen Pflanzenteile wie Stängel oder Blätter bevorzugt ausgebildet werden, zu Ungunsten also von Blüten, Früchten und Wurzeln.

Meine Versuchsauswertungen (siehe Tabelle S. 35) haben gezeigt, dass beispielsweise Knollensellerie, der an Blatttagen gesät oder kultiviert wurde, zu starkem Laubansatz neigt und die Knollenqualität schwach bleibt. Werden Tomaten an Blatttagen gesät, dann bringen diese Pflanzen weniger Blütenansätze und die Blütenansätze sind weiter auseinander gezogen. Der Geschmack der Früchte dieser Pflanzen ist relativ fade.

Als letztes Beispiel möchte ich Buschbohnen, die an Blatttagen gesät wurden nennen. Sie bildeten vergleichsweise viel Blattmasse, die Pflanzen waren außerdem nicht standfest und wurden von Pilzen befallen.

ERNTEN UND LAGERN AN BLATTTAGEN

Eine Grundregel für das Ernten von Früchten und Gemüsen ist: Diejenige Konstellation, die sich günstig auf das Pflanzen und Säen einer Kultur auswirkt, ist auch diejenige, die für die Ernte und Lagerung der jeweiligen Frucht zu bevorzugen ist.

Eine Ausnahme davon bilden die Blatttage. Sie sind niemals, nicht einmal für die Ernte von Blattpflanzen, wie z.B. Kohl, günstig. An Blatttagen geerntete Lagerfrüchte wie Kartoffeln, Möhren oder Äpfel schmecken und lagern besonders schlecht.

Zur Verbesserung der Erntequalität von Blattpflanzen sollten im letzten Monat vor der Ernte alle Pflegearbeiten, die noch anfallen können, ausschließlich an Blütentagen vorgenommen werden. Darüber hinaus ist es ratsam, die Ernte von Blattpflanzen nur am Vormittag durchzuführen. Das Erntegut

Möhrenernte

Blatttage zeigen eine Schlechtwettertendenz.

bleibt dann länger frisch, da der morgendliche Tau schon abgetrocknet ist und die Hitze des Nachmittags die Blätter noch nicht zum Welken gebracht hat.
Für die Weiterverarbeitung, z.B. die Einsäuerung von Weißkohl, sollten ebenfalls keine Blatttage gewählt werden. Hierfür eignen sich Blütentage (siehe S. 36) besser. Optimal geeignet zur Kohlverarbeitung ist der Zwillingsmond. Das Kraut ist dann saftreich und duftet, besonders wenn die Quarzspritzung (siehe S. 64) auch an einem Blütentag erfolgte. Sauerkraut, von dem das frische Weißkraut an einem Blatttag geerntet wurde, ist nicht so angenehm im Geruch.

TIPP vom Gartenmeister

Blatttage zeigen in der Wetterbildung eine deutliche Tendenz zur Feuchte. Die Taubildung am Morgen ist an solchen Tagen am stärksten. Interessant ist meine Beobachtung, dass sich die Überschwemmungen häufen, seit der Planet Pluto im Jahre 1994 vor den Hintergrund des Skorpions (Wasserzeichen) getreten ist.

BROTBACKEN UND HONIG SCHLEUDERN

Brotbacken ist an Blatttagen ungünstig. Der Brotteig wird nicht fest, er bleibt relativ flüssig und man glaubt, man habe sich in der Wasserzugabe geirrt. Das Brot ist dann auch besonders großporig.
Auch das Arbeiten an den Bienenvölkern ist an Blatttagen ungünstig. Die Bienen sind dann besonders aggressiv. Ebenso sollte Honigschleudern nicht an Blatttagen vorgenommen werden.

FORSCHUNG UND BLATTTAGE

Die kosmischen Wirkungen, die das Wachsen und Gedeihen von Pflanzen an Blatttagen beeinflussen, finden sich auch in den Auswertungen meiner

Versuchsprotokolle wieder. Ich habe dazu die Bewertungen von Versuchsaussaaten mit 75 Gemüsesorten, die nachweislich während der Mondstände Krebs, Skorpion und Fisch stattfanden, auf eine mögliche Beeinflussung durch kosmisches Wirken untersucht. In der Tabelle sind die Ergebnisse aus dieser Untersuchung zusammengefasst. Hinter jeder Gemüseart steht zunächst das Aussaatdatum, die kosmische Konstellation und die Anzahl der ausgesäten Sorten.
In der letzten Spalte ist dann das Versuchsergebnis abzulesen. Jedes „+" steht für eine positive Bewertung, d.h. der Versuch ist im Sinne des Anbauers ausgefallen.
Was in der Tabelle aus Platzgründen weggelassen wurde, ist die Bewertung der einzelnen Sorten. Hier ein Auszug aus dem Protokoll:
Von den 20 angebauten Salatsorten konnten 98 % abgeerntet werden. Das Kopfgewicht der Salate war mit durchschnittlich 500 g sehr ausgeglichen.
Beim Kohlrabi, einer Blattpflanze, von der wir den verdickten Spross als Gemüse essen, konnten 98 % der abgeernteten Knollen mit der Handelsklasse I verkauft werden.
Ein gegensätzliches Bild zeigte die Versuchauswertung der Gemüsesorten, deren Erntegut nicht im Blattbereich lag:
Von 13 Buschbohnensorten, die unter dem Einfluss des Sternbildes Krebs gesät wurden, bildeten 10 Sorten laut Versuchsprotokoll zu viel Blattmasse und nur geringen Ertrag.

Gemüse, die an Blatttagen gesät wurden

Gemüse	Aussaat	Konstellation	Anzahl Sorten und Versuchsergebnis	
Kohlrabi	07.01.86	Skorpion	12	12 +
Kopfsalat	12.05.90	Skorpion	20	20 +
Buschbohnen	18.06.79	Fische	5	0 +
Buschbohnen	26.06.87	Krebs	13	3 +
Tomaten	08.03.80	Skorpion	9	1 +
Sellerie	17.04.85	Fische	16	0 +

+ = Anzahl Sorten positiv im Sinne des Anbauers

Bei Knollensellerie, von dem 16 Sorten während Fischeeinfluss gesät wurden, hatten allesamt eine schlechte Knollenqualität, aber kräftiges und wüchsiges Laub. Anhand dieser Berichte wird klar, warum es so wichtig ist, dass wir an Blatttagen nur die Pflanzen säen, von denen wir auch die Blätter als Erntegut nehmen.

Blütentage

Wenn der Mond bei der Wanderung durch den Tierkreis vor den Licht- oder Luftzeichen, also den Sternbildern Zwillinge, Waage oder Wassermann steht, ist immer mit einer Förderung der Blütenbildung zu rechnen. Zu den Pflanzen, die auf die Einflüsse der Lichtzeichen reagieren, gehören alle Blumen und Blütenpflanzen. Der positive kosmische Einfluss kommt in diesem Fall in einer Intensivierung des Duftes zum Ausdruck. Festgestellt habe ich das an den Rosen in meiner Baumschule.

Unter der Konstellation Zwilling, Waage oder Wassermann gesäte oder gepflanzte Blumengemüse wie Brokkoli, Blumenkohl, Romanesco und Artischocken werden größer, sind aromatischer und zeigen eine geringere Anfälligkeit gegen Schaderreger. Das gleiche gilt für alle Heil- und Küchenkräuter. Sie sollten so gesät, angebaut und auch gepflegt werden, dass sie von den besonderen Lichtkräften der Blütentage beeinflusst werden. Der Grund dafür ist, dass die aromatischen Heil- und Würzstoffe, die in der Mehrzahl der Fälle aus ätherischen Ölen bestehen, nur unter Lichteinflüssen gebildet werden können. Unerlässlich dafür ist natürlich auch die Sonne, deren Wirkung man durch Anwen-

Blumen duften an Blütentagen besser.

Artischocken sind Blütenpflanzen.

dung eines Quarzpräparates (siehe S. 64) unterstützen kann.

BLÜTENTAGE-WIRKUNG AUF NICHT-BLÜTEN-PFLANZEN

Meine langjährigen Beobachtungen und Forschungen haben ergeben, dass alle Pflanzen, die während der Wirkung des Kräftetrigons Wassermann, Zwilling und Waage gesät oder gepflanzt wurden, dazu neigen, früher in die Blüte zu kommen als Pflanzen, die während anderer Konstellationen ausgesät wurden. Besonders unerwünscht ist dieses Verhalten bei allen Gemüsearten, deren Erntefrucht nicht die Blüte ist. So können alle Salate – an Blütentagen gesät – zu Schosserpflanzen werden. Knollensellerie, der an einem Blütentag gepflanzt oder ausgesät wurde, bildet nur kleine Knollen. Kohlrabi und Radieschen zeigen Verformungen. Sogar aus Möhren wurden bei Aussaat zum Mondstand Wassermann nur Schosserpflanzen. Porree bringt ebenfalls eine vorzeitige Tendenz zum Durchschossen.

Salatschosser

BLÜTENTAGE UND LAGERUNG

Den besondern Lichtkräften der Blütentage ist es zu verdanken, dass diese sich besonders für die Ernte von Lagergemüse eignen. Wie schon die Erkenntnisse der Maria Thun gezeigt haben, ist der beste Tag dafür derjenige, an dem der Mond im Zwilling, dem Höchststand im Tierkreis, steht. Der Pflanzensaft ist dann am stärksten gebunden und das Erntegut hat dann sein bestes Aroma.
Weil der Mond aber bis in den Zellsaft der Früchte wirkt, wird der Geschmack der Früchte auch von dem Sternbild geprägt, unter dem es geerntet wurde. Danach unterscheiden sich Geschmack

TIPP vom Gartenmeister

Die Erfahrungen aus dem biologisch-dynamischen Anbau haben gezeigt, dass man bei Möhren eine bessere Qualität erzielt, wenn sie vor der Ernte mit Quarz, einmal bei Mondstand Waage (Lichtzeichen) und einmal bei Mondstand Widder (Feuerzeichen) behandelt werden.

Ein gut entwickelter Brokkolikopf

und Aroma des Erntegutes, je nachdem ob dieses am Blatt-, Blüte-, Frucht- oder Wurzeltag geerntet wurde. Im Einzelfall entscheiden die persönlichen Erfahrungen, welcher Mondstand für welches Gemüse den besten Geschmack liefert. So sollte man z.B. Rote Bete nicht bei Mondstand Steinbock oder Jungfrau, sondern bei Mondstand Waage oder Schütze ernten.

BIENEN UND POLLEN

Die Bienen sind vielerforschte Insekten. Sie orientieren sich nicht nur am Sonnenlicht, sondern stark an den Kräften, die Mond und Tierkreis vermitteln. Bei Fluglochbeobachtungen des Bienenstandes an Blütentagen hat man festgestellt, dass alle Bienen mit Pollenhöschen zurückkehren. An Blütentagen sammeln die Bienen Pollen und tragen diesen in ihre Waben. Blütentage sind daher ideal für die Gewinnung von Honig, weil sich dann die meisten Bienen nicht im Stock, sondern zum Pollensammeln in den Trachtgebieten befinden.

WETTERBILDUNG UNTER DEN LICHTZEICHEN

In der Wetterbildung zeigen Tage, an denen der Mond die Lichtzeichen durchwandert, oftmals eine deutliche

Bienen sammeln an Blütentagen viele Pollen.

Tendenz zum Licht, das heißt offener Himmel und selten Niederschlag. Befinden sich noch andere Planeten vor dem Hintergrund der Sternbilder Zwillinge, Waage oder Wassermann, verstärkt sich dieser Effekt und wir bekommen eine ausgedehnte Schönwetterperiode. Jupiter ist ein ausgesprochener Lichtplanet. Er durchwandert den Tierkreis in 12 Jahren nur einmal. Erreicht Jupiter die Sternbilder Zwillinge, Wassermann oder Waage, dann haben wir in diesem Jahr viele langanhaltende Schönwetterperioden. Im Winter bedeutet das große Kälte, im Sommer dagegen Wärmeperioden.

GEMÜSE, DIE AN BLÜTENTAGEN GESÄT WURDEN

Gemüse	Aussaat	Konstellation	Anzahl Sorten und Versuchsergebnis	
Eissalat	25.08.81	Zwilling	8	0 +
Porree	06.01.86	Waage	5	0 +
Möhren	30.09.82	Wassermann	1 Satz	0 +
Radies	3 Termine	Wassermann/ Zwilling	38	10 +

+ = Anzahl Sorten positiv im Sinne des Anbauers

BLÜTENTAGE UND FORSCHUNG

Die besonderen Wirkungen, die vom Mond ausgehen, wenn dieser vor die Sternbilder Zwillinge, Waage oder Wassermann tritt, habe ich anhand von Sortenversuchen mit insgesamt 51 Sorten Gemüse nachweisen können. Wie schon bei der Versuchsauswertung zum Einfluss der Blatttage, habe ich auch hier alle Ergebnisse in einer Tabelle zusammengefasst. Wie man sieht, handelt es sich bei keiner der aufgeführten Gemüsearten um Blütenpflanzen. Dennoch zeigten alle Gemüse im Verlauf ihrer Anbaudauer eine deutliche Tendenz zur Blütenbildung – in der Fachsprache der Gärtner als „Durchschossen" bezeichnet. Das Erntegut dieser Pflanzen war zum Großteil unbrauchbar, wie die geringe Zahl an positiven Bonitierungen zeigt. Zur Verdeutlichung ein Auszug aus dem Protokoll: „Von den zu unterschiedlichen Zeiten gesäten 38 Radieschensorten hatten 28 Sorten unförmige oder zu kleine Knollen. 5 von 5 angebauten Porreesorten zeigten starke Schosserbildung und einen hohen Anteil an II-Klasse. Alle acht angebauten Salatsorten sind „geschosst" und später gefault. Alle getesteten Möhren zeigten frühe Blütenbildung und schlechte Markteignung."

Die Fruchttage

Beim Durchgang des Mondes durch die Sternbilder Löwe, Schütze oder Widder, sind in der Pflanze Kräfte wirksam, welche die Frucht- und Samenbildung fördern. Die Zeitabschnitte, in der diese Kräfte positiv wirken, bezeichnet man als Fruchttage. Der Pflanzenbauer kann sich die Wirkungen der Gestirne zu Nutze machen, indem er seine Fruchtgemüse, Obst und auch das Getreide, nur an Fruchttagen sät oder pflanzt. Zu den Gemüsen, die von den Kräftewirkungen der Fruchttage profitieren, gehören Tomate, Gurke, Erbse, Bohne, Paprika, Auberginen, Mais, Kürbis, Melone und Zucchini.

Die Löwekräfte

Die Löwekräfte nehmen innerhalb der Fruchttage eine Sonderstellung ein. Aus der Erfahrung mit dem Anbau von Fruchtpflanzen weiß man, dass Löwetage eine besonders starke Wirkung auf die Samenbildung und die Samenkeimung haben. Aussaaten, die bei Mondstand Löwe erledigt wurden, brachten im Ergebnis überwiegend Samen im Erntegut, während Aussaaten bei Mondstand Schütze und Widder mehr Fruchtfleisch im Erntegut zur Folge hatten.

Empfehlenswerte Fruchtgemüsesorten

Gemüse	Botanischer Name	Sorten
Paprika	*Capsicum frutescens*	Szegediner, Bell Boy
Gurke	*Cucumis sativus*	Burbless, Klaro
Squash (Kürbis)	*Cucurbita pepo*	Custard White, White Ufo
Zucchini	*Cucurbita pepo*	Diamant, Ambassador
Tomate	*Lycopersicon lycopersicon*	Sweet 100, Gourmet, Cladosporium, Diplom
Dicke Bohnen	*Phaseolus vulgaris*	Con Amore, Hangdown
Stangenbohne	*Phaseolus vulgaris*	Silvia, Fortissima, Hiltrud
Erbsen	*Pisum sativum*	Lancet, Marcana
Aubergine	*Solanum melongena*	Negro, Blacky

Saftig süße Tomaten erreicht man durch Aussaat bei Mondstand Schütze oder Widder.

Für die tägliche Gartenpraxis kann daraus der Schluss gezogen werden, dass man fleischige Fruchtpflanzen wie Gurken, Tomaten oder Zucchini am besten bei Mondstand Schütze oder Widder sät. Will man dagegen von den Pflanzen hauptsächlich Körner oder Saatgut ernten, dann sollte bei Mondstand Löwe gesät werden.

Ein Sonderfall sind hierbei Buschbohnen, bei denen man als Frucht sowohl die fleischige Bohnenhülse als auch die Samen verzehren kann. Für die Ernte der grünen Hülse empfiehlt sich eine Aussaat bei Mondstand Schütze oder Widder. Will man dagegen die Samen ernten, ist eine Aussaat unter dem Sternbild des Löwen zu bevorzugen.

UNKRAUT BEKÄMPFEN

Da jeder Samen, den der Boden in sich trägt, bei der Bodenbearbeitung an Tagen mit Mondstand Löwe zum Keimen angeregt wird, sollte man im Garten zu dieser Zeit jegliche Bodenbearbeitung unterlassen. Die Folge davon wäre ein übermäßiger Unkrautwuchs, der alle Kulturpflanzen zudeckt. Auf unkrautgefährdeten Flächen empfehle ich statt dessen eine andere Arbeitsweise: Der Boden wird erst einmal bei Mondstand Löwe bearbeitet, um das Unkraut zur Keimung anzuregen, und dann wird in einem zweiten Arbeitsgang das Unkraut durch Unterpflügen und Abdecken vernichtet.

Walnussbäume im Löwen pflanzen

VEREDELN AN FRUCHTTAGEN

Das Veredeln von Obstbäumen sollte nach meinen Erfahrungen an den Fruchttagen Schütze oder Widder durchgeführt werden. Das Okulieren, d.h. das Veredeln mit Edelaugen, ist am besten bei Mondstand Schütze durchzuführen.
Das Edelauge wird dann, gleichsam eines keimbereiten Samenkorns, in den günstigen Saftstrom gesetzt. Die zum Veredeln nötigen Reiser schneidet man am besten bei Mondstand Widder (Fruchttag). Ich habe beobachtet, dass die Reiser dann voll im Saft und bestens für die Veredelung geeignet sind.

WETTERBILDUNG AN FRUCHTTAGEN

In der Wetterbildung zeigen die Fruchttage eine Tendenz zur Wärme. An Tagen mit Mondstand Löwe, Schütze und Widder ist daher oft mit einem leichten Temperaturanstieg zu rechnen. Dieser Trend wird im Sommer noch durch die Wirkung anderer Planeten verstärkt.
Wenn im August Venus, Merkur und auch die Sonne, das Sternbild Löwe durchwandern, dann haben wir hohe Sommertemperaturen. Bei Zutritt von Mars steigert sich diese Wärme.
Es ist auch auffallend, dass in den relativ milden Wintern bis 1995 die Planeten Neptun und Uranus sich in der Tierkreisregion Schütze (Wärme) bewegten. Nach 1995 waren die milden Winter vorbei, beide Planeten bewegen sich seither nicht mehr in der Wärmeregion des Schützen.

Veredeln gelingt an Fruchttagen gut.

Die Sternbilder Widder, Schütze oder Löwe bewirken schönes und warmes Sommerwetter.

FRUCHTTAGE UND FORSCHUNG

Um die Wirkung der Tierkreiskräfte Löwe, Widder und Schütze zu belegen, möchte ich aus meinen Versuchsauswertungen stellvertretend zwei Beispiele herausgreifen. Es ist dies zum einen ein Anbauversuch mit Porree, der am 24.02.1986 im Sternbild des Löwen gesät wurde. In der Bewertung von 16 getesteten Sorten wurden nur 8 mit der Note „für den Anbau geeignet" ausgezeichnet. Unabhängig davon zeigte sich an 9 Sorten eine Tendenz zu Überreife und starkem Zwiebelansatz. Ein anderes Mal war bei 5 im Sternbild des Widder ausgesäten Spinatsorten ein vorzeitiges Schossen festgestellt worden. Die Liste der Beispiele könnte ich beliebig fortsetzen. Zusammenfassend kann man sagen: Aus dem Versuch geht hervor, dass der den Feuerzeichen nachgesagte positive Einfluss auf die Fruchtbildung bei allen Pflanzen, deren Erntegut nicht die Frucht ist, nachweislich zu einer verfrühten Reife bzw. einer beschleunigten Samenbildung führt.

Die Wurzeltage

Wenn der Mond bei seinem Lauf um die Erde an den Sternbildern Stier, Jungfrau oder Steinbock vorüberzieht, stimulieren die Kräfte aus dem Tierkreis das Wachstum der Wurzeln, Knollen und Rüben. Es sind die so genannten Erdzeichen, welche diese Wirkung hervorrufen.

Zu den Pflanzen, die auch mit Hilfe dieser Kräfte ihre Frucht aufbauen, zählen Kartoffel, Möhre, Radieschen, Rettich, Schwarzwurzel, Sellerie, Rote Bete, Wurzelpetersilie, Zwiebel, Knoblauch, Chicorée und Kohlrübe.

Will man das Gedeihen dieser Pflanzen fördern, müssen wir alle Kulturarbeiten (Aussaat, Pflanzung, Pflege) beim Stand des Mondes vor den Erdzeichen durchführen. Ich habe im Laufe der Jahre herausgefunden, dass die kosmischen Bildekräfte auf das Zellgefüge der Pflanzen einwirken und dabei zu einer Verdichtung des Zellgewebes führen.

Warum Kohlrabis holzig werden

Die beschriebene Verdichtung des Pflanzengewebes ist bei Wurzelgemüse wünschenswert und führt z.B. zu einem festen Rübenkörper. Bei allen „Nicht-Wurzelpflanzen“ kommt es unter der jeweiligen Kon stellation ebenfalls zu einer Verdichtung, dies mal aber sind davon

Gesundes Wurzelgemüse

Kohlrabis, an Wurzeltagen gesät, werden leicht holzig.

auch die oberirdischen Organe betroffen. Im Volksmund ist diese Erscheinung als „Holzigwerden“ bekannt.
Ich habe mich in meiner Forschung eingehend mit diesem Thema befasst und den negativen Einfluss der Wurzeltage auf das oberirdische Pflanzengewebe mit den Ergebnissen aus Kohlrabisortenversuchen nachweisen können.
In der Tabelle rechts sind die Ergebnisse eines Aussaatversuches mit Kohlrabisorten und deren Aussaattermine miteinander verglichen worden. Von insgesamt 7 ausgewerteten Saatterminen wurden 4 während der ungünstigen Konstellation von Jungfrau, Steinbock oder Stier durchgeführt. Zu allen 4 Terminen lautete die Einschätzung des Versuchsprotokolls „holzig, faserig mit geringem Anteil marktfähiger Knollen“. Ganz anders bei denjenigen Sorten, die unter dem für die Blattbildung förderlichen Einfluss von Skorpion oder Fisch gesät wurden. Hier erreichten mit Ausnahme einer Sorte die geernteten Kohlrabis zu über 90 % die Handelsklasse I.
Aus dem Ausgang dieses Versuchs können wir also schließen, dass man an Wurzeltagen keinesfalls Kulturen säen oder pflanzen sollte, deren Erntegut nicht im Bereich der Wurzel liegt.

Kohlrabisorten, die zu unterschiedlichen Konstellationen gesät wurden

Aussaat	Konstellation	Kosmische Wirkung	Anzahl Sorten und Versuchsergebnis	
07.01.86	Skorpion	Blatt	5	5 +
12.03.86	Fische	Blatt	5	5 +
21.02.84	Jungfrau	Wurzel	4	0 +
29.02.84	Steinbock	Wurzel	4	0 +
01.03.85	Stier	Wurzel	3	0 +
11./12.03.82	Jungfrau	Wurzel	2	0 +
18.04.85	Fisch	Blatt	1	0 +

+ = Anzahl Sorten positiv im Sinne des Anbauers

AUSSAAT UND PFLANZUNG BEI AUFSTEIGENDEM MOND

Wie wir schon erfahren haben, kommt es im Zeitraum des aufsteigenden Mondes zu einer Hemmung der Wurzelbildung. Darum sollten im Garten zu dieser Zeit auch alle Pflanzarbeiten unterbleiben.

Im Gegensatz dazu steht scheinbar die Tatsache, dass der Stiermond bestens für die Aussaat von schnell keimenden Saaten, wie z.B. Radieschen, geeignet ist. Das hängt damit zusammen, dass sofort nach der Keimung der Mond in das Sternbild des Zwillings eintritt. Ab dem Zwilling steigt der Mond im Tierkreis wieder ab. Das Absteigen bedeutet ein Einatmen der Erde und das Wachstum der Pflanzen konzentriert sich wieder auf den unteren Teil der Pflanze. Mit einer langsam keimenden Saat, z.B. mit Möhren, verhält es sich etwas anders:

Hier ist im Stiermond kein rasches Wachstum mehr zu erreichen, jedoch eher im Jungfraumond, der dann im Mai zugleich wenige Tage vor dem Vollmond liegt. Da nach Lilly Kolisko (siehe S. 12/13) dies die optimale Zeit zum Säen ist, gehen ab diesem Zeitpunkt die vitalisierenden Wirkungen des Vollmondes (siehe S. 56) in die Saat. Meine Erfahrungen haben gezeigt, dass diese Aussaat bei Möhren zu einer zügigen Keimung führt.

Keimdauer bei der Aussaat berücksichtigen.

Es versteht sich von selbst, dass die kosmischen Kräfte nur dann wirken können, wenn es während und nach dem Auflaufen niemals zu einem Wassermangel kommt. Die Saat muss immer dauerhaft feucht gehalten werden, sonst wird daraus auch bei Berücksichtigung der günstigsten Konstellation kein gesundes Gemüse wachsen.

Unkrautbekämpfung an Wurzeltagen

Es hat sich gezeigt, dass bei der richtigen Wahl des Zeitpunkts für Erdarbeiten, dazu gehört z.B. das Anhäufeln von Möhren oder Kartoffeln, das Auflaufen von Unkrautsamen wirksam bekämpft werden kann. Als Beispiel dafür möchte ich eine Erfahrung aus meiner langjährigen Praxis in der Baumschule nennen:

Meine Obstwildlinge habe ich stets im Mondstand des Steinbocks aufgeschult und die Flächen anschließend mit einem Kultivator (mechanisches Hackgerät) wieder gelockert. Die Flächen sind jedes Jahr auch ohne nachträgliches Hacken, Jäten und den Einsatz von Unkrautvernichtungsmitteln bis August unkrautfrei geblieben.

Giersch ist ein stark wachsendes Unkraut.

Wetterbildung an Wurzeltagen

In der Wetterbildung bewirkt der Mondstand Stier, Jungfrau oder Steinbock häufig einen Temperaturrückgang. Verstärkt wird dieser Effekt wie immer durch die Position der anderen Planeten. Bewegt sich z.B. Merkur im Frühjahr vor das Sternbild des Stieres, verzögert sich die Erwärmung. Hält sich Merkur im Winter vor dem Sternbild des Steinbocks auf, haben wir Kälteeinflüsse. Wenn Jupiter an Stier, Jungfrau oder Steinbock vorbeizieht, können wir mit einem kalten Jahr rechnen.

TIPP vom Gartenmeister

Aus eigener Beobachtung weiß ich, dass die Arbeit am Bienenstock an Wurzeltagen ungünstig ist, da die Bienen dann mit der Wabenarbeit beschäftigt sind und daher die meisten im Stock sind. Sie reagieren bei Störungen dann besonders aggressiv.

Die Knotentage

Von der Erde aus betrachtet bewegen sich Sonne und Mond nicht genau auf derselben Bahn. Die Mondbahn ist gegen die Sonnenbahn um 5° geneigt. Während der 27,3 Tage, die der Mond für einen Lauf um die Erde benötigt, überschneidet er zweimal die Sonnenbahn, und zwar an sich exakt gegenüberliegenden Stellen. Diese Überschneidungspunkte werden in der Fachsprache Mondknoten genannt. Mondknoten werden noch in einen auf- und einen absteigenden Mondknoten unterschieden. Vom aufsteigenden Mondknoten spricht man, wenn der Mond die Sonnenbahn von unten her durchkreuzt. Umgekehrt spricht man vom absteigenden Mondknoten (s. Grafik Seite 51).

Sonnen- und Mondfinsternis

Gelegentlich kommt es vor, dass sich Sonne und Mond gleichzeitig am Knoten befinden. Vom Weltraum aus betrachtet zieht dabei der Mond vor die Sonne, so dass die Rückseite des Mondes von der Sonne bestrahlt wird, und der Mond seinen Schattenkegel auf die Erde wirft. Am 11. August 1999 befan-

Bewölkter Himmel bei der Sonnenfinsternis am 11.08.1999

den sich Sonne und Mond in dieser speziellen Konstellation: Wir erlebten entlang eines nur wenige Kilometer breiten Streifens, der sich über die gesamte Nordhalbkugel erstreckte, eine totale Sonnenfinsternis.
Aus den Aufzeichnungen und Beobachtungen der Finsternisse in den letzten Jahrhunderten weiß man, dass der Ausfall des Sonnenlichtes auf die Tiere wie ein Signal zum Schlafengehen wirkt. Die Dämmerung bedeutet einen Ausfall von kosmischem Licht während des Tages.
Befindet sich die Erde vom Weltraum aus betrachtet zwischen Sonne und Mond, d.h. bei Vollmond am Knoten, so entstehen ebenso Schattenwirkungen. In diesem Fall trifft aber der Schatten der Erde auf den Mond. Wie erleben eine Mondfinsternis.

KNOTENWIRKUNGEN AUF PFLANZEN

Der Astronom Joh. Kepler (1571 – 1630) sagte schon, dass in Zeiten von Knotenpassagen Schattenwirkungen auf der Erde erkennbar werden. Schattenwirkungen sind gleichsam ein Energieausfall und für das menschliche Auge am deutlichsten sichtbar bei einer Sonnenfinsternis.
Pflanzen haben keine Augen. Sie nehmen Licht und Strahlung über Rezeptoren in ihren Zellen wahr. Das Samenkorn wird zur Zeit der Aussaat von der Qualität der kosmischen Energie geprägt. Werden Samen ohne kosmische Energieresonanz gesät, d.h. zur Zeit der Knotenpassage, dann fehlt ihnen ein Energieimpuls, der für das spätere Gedeihen wichtig ist.
Für die Praxis gilt daher die Empfehlung, Tage mit einer Knotenpassage für alle Aussaaten und Pflanzungen zu meiden.
Der Ausfall an kosmischer Energie kann im Gegenzug aber auch gut in der Gartenarbeit genutzt werden. Es hat sich gezeigt, dass der Erfolg der Unkrautbekämpfung dann noch nachhaltiger ist, wenn Neumond (der ja auch Energieausfall beinhaltet) und Mondknoten nur wenige Tage auseinander liegen.

Merkur und Venus-Knoten

Wie Erde und Mond ziehen auch die anderen Planeten auf ihrer Bahn am Tierkreis vorbei. Während der Mond den Tierkreis jeden Monat einmal durchwandert, laufen Venus und Merkur langsamer um den Tierkreis. Sie passieren dadurch ihre Knoten nicht monatlich.
Merkur vollzieht im Jahr mehrere Umläufe um die Sonne und hat darum von der Erde aus betrachtet im Jahr sieben bis acht Knotenpassagen. Die Venus passiert den Knoten im Jahr drei- bis viermal.
Knotenphasen bedeuten immer Energieausfall, und nach Rudolf Steiner sind alle Himmelskörper daran beteiligt. Fällt ein Himmelskörper durch die Knotenwirkung aus, dann fehlt den Pflanzen ein wichtiges Element für ihre Entwicklung.

Gemüse, die zur Zeit des Mondknotens gesät wurden

Gemüse	Aussaat	Konstellation	Anzahl Sorten und Versuchsergebnis	
Eissalat	16.11.81	Knoten 8 h	10	1 +
Eissalat	15.7.86	Knoten 3 h	8	0 +
Eissalat	9.7.84	Knoten 17 h	12	1 +
Eissalat	25.7.91	Knoten 15 h	11	1 +
Kohlrabi	22.2.83	Knoten 23 h	5	0 +
Kohlrabi	28.4.82	Knoten 20 h	10	0 +
Kopfsalat	27.8.87	Knoten 3 h	13	2 +
Kopfsalat	29.6.92	Knoten 24 h	19	7 +
Salat	16.1.85	Knoten 7 h	15	3 +
Salat	11.7.91	Knoten 20 h	15	3 +
Blumenkohl	22.4.92	Knoten 5 h	13	2 +
Blumenkohl	5.6.81	Knoten 24 h	8	3 +
Brokkoli	29.6.92	Knoten 24 h	9	3 +
Buschbohnen	26.5.82	Knoten 1 h	10	1 +
Tomaten	27.4.81	Knoten 9 h	21	0 +
Zuckermais	16.5.90	Knoten 14 h	8	2 +
Radies	19.11.82	Knoten 3 h	8	0 +
Sellerie	16.3.87	Knoten 22 h	8	0 +
Sellerie	6.3.81	Knoten 14 h	10	0 +

+ = Anzahl Sorten positiv im Sinne des Anbauers

Knotentage und Forschung

Meine eingehenden Analysen der Versuchsergebnisse von Aussaat- und Pflanzversuchen unterschiedlichster Gemüsearten und -sorten haben die negative Wirkung der Mondknoten auf das Pflanzenwachstum belegen können.

In der Tabelle habe ich die Ergebnisse von 19 Versuchsauswertungen mit insgesamt 212 Gemüsesorten zusammengestellt.

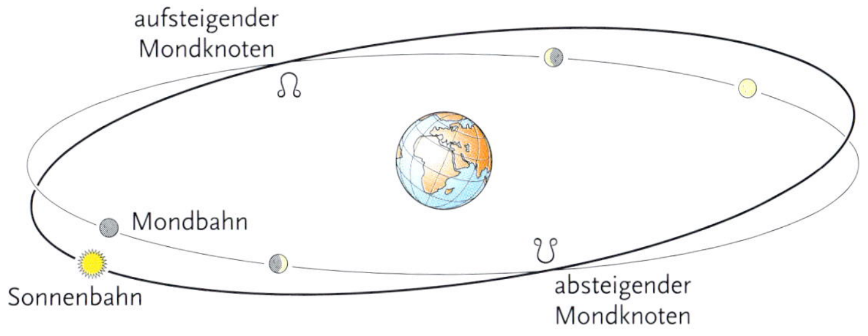

Wenn Sonnen- und Mondbahn sich kreuzen, spricht man von einem Mondknoten.

Alle Versuchsaussaaten wurden nachweislich zu einer Zeit durchgeführt, in der sich der Mond am Knoten befand und so während der Aussaat die kosmische Energie nicht bis zum Samen vordringen konnte. Diese negative Konstellation zum Aussaatzeitpunkt hat in allen 19 Versuchen zu Misserfolgen durch Pilzbefall und starken Ernteausfällen geführt.

Von 41 zur Knotenzeit ausgesäten Eissalatsorten waren lediglich drei Sorten vermarktbar. 38 Sorten fielen durch Graufäule (Botrytis), Befall durch Salatviren und ein sehr geringes Kopfgewicht auf.

Bei 6 von 8 Zuckermaissorten, die während der Knotenpassage gesät wurden, ist kein einziges der 300 Körner aufgelaufen. Von 18 getesteten Selleriesorten wies die Bewertung nach dem Versuchsprotokoll bei allen 18 Sorten „Fäule, Bräunungen und große Hohlräume in den Knollen“ aus. Ein ähnliches Bild zeigte sich an Blumenkohl und Brokkoli.

UNKRAUTBEKÄMPFUNG AN KNOTENTAGEN

Wir haben schon öfters gelesen, dass man sich für Kulturpflanzen negative kosmische Wirkungen in der Gartenpraxis zu Nutze machen kann. In meinem Baumschulbetrieb hatte ich einmal mit Neuaufschulungen und Rosenveredlungen zu tun, die in einem Teppich von Kreuzkraut (Unkraut) standen. Diese Kulturflächen habe ich mit einer Motorfräse gefräst und im gleichen Arbeitsgang leicht angehäufelt. Das Unkraut, welches zwischen den Pflanzen stand und vom Fräswerk nicht erfasst werden konnte, wurde dadurch zugedeckt. Diese Arbeit habe ich am 11. Juni 1983, bei Neumond und Mond am Knoten durchgeführt. Bis zum Verkauf der Rosen im Oktober sind die Flächen von Unkraut frei geblieben, ohne zusätzliche Arbeit oder Herbizide.

Erdnähe des Mondes

Der Mond läuft – ähnlich wie Planeten um die Sonne – nicht kreisförmig, sondern auf einer elliptischen Bahn um die Erde. Dadurch entstehen während des monatlichen Umlaufs zum einen Zeiten, in denen der Mond der Erde besonders nahe steht, und zum anderen solche, in denen sich der Erdtrabant auf seiner Bahn besonders weit weg von der Erde befindet. Die Entfernungen des Mondes bei Erdnähe, auch Perigäum (Pg) genannt, und bei Erdferne (Apogäum, Ag) unterscheiden sich im Extremfall um etwas mehr als 50 000 km.

Wirkung der Erdnähe

Die eigentliche Erdnähewirkung dauert meist nur etwas mehr als einen Tag. Alle pflanzenbaulichen Tätigkeiten, die wir an diesem Tag verrichten, wirken sich nach allen Beobachtungen von Gärtnern der biologisch-dynamischen Wirtschaftsweise ungünstig und schwächend auf die Entwicklung der Pflanze aus.
Auch meine langjährigen Erfahrungen mit diesem Phänomen haben gezeigt, dass die geringe Entfernung des Mondes das Pflanzenwachstum und vor allem die Pflanzengesundheit beeinträchtigt. Während der Erdnähe keimen viele Samen schlecht, Pflanzen zeigen deutliche Wuchshemmungen und werden schnell von Pilzen befallen.

Erdnähe und Forschung

In meinen Auswertungen von Sortenversuchen habe ich die Wirkung der Erdnähe auf die Pflanzen für viele

„Mond in Erdnähe" beeinträchtigt die Pflanzengesundheit.

Gemüsearten und -sorten bestätigen können. Kohlrabi, der zum Zeitpunkt der Erdnähe gesät wurde, platzte auf und faulte. Salat hatte kleine oder nur schlechte Köpfe. Er bildet Seitentriebe und fault schließlich ab. Radieschen werden pelzig und schmecken rettichartig bitter. Brokkoli, zum Zeitpunkt der Erdnähe gesät, zeigt viele Blätter in den Blumen. Sellerie verpilzt, wird schwammig und innen hohl.

Gemüse, die bei Erdnähe gesät wurden

Gemüse	Aussaat	Konstellation	Anzahl Sorten und Versuchsergebnis	
Kohlrabi	12.05.80	Erdnähe	4	1 +
Kopfsalat	13.03.91	Erdnähe	14	2 +
Kopfsalat	16.09.85	Erdnähe	10	0 +
Porree	12.05.80	Erdnähe	10	2 +
Porree	24.05.82	Erdnähe	10	1 +
Salat	04.05.85	Erdnähe	11	3 +
Salat	05.04.85	Erdnähe	5	1 +
Salat	04.06.92	Erdnähe	27	1 +
Brokkoli	02.07.92	Erdnähe	15	1 +
Möhren	05.04.85	Erdnähe	6	1 +
Radies	08.03.85	Erdnähe	24	4 +
Radies	04.03.82	Erdnähe	11	0 +
Sellerie	16.03.92	Erdnähe	10	0 +

+ = Anzahl Sorten positiv im Sinne des Anbauers

Eine besondere Charakteristik der Erdnähe ist die Tendenz, dass die Pflanzen schnell zur Fäulnis zu neigen. Das Erntegut ist dann immer von minderer Qualität, wie aus den Qualitätsbeurteilungen der verschiedenen staatlichen Versuchsanstalten zum Ausdruck kommt.

Die Tabelle oben fasst diese Ergebnisse, festgestellt an 159 Gemüsesorten, die bei Mondstand in Erdnähe ausgesät wurden, noch einmal zusammen.

TIPP vom Gartenmeister

In der Wetterbildung äußert sich die Erdnähewirkung des Mondes meist durch Niederschlagsneigung. Findet die Erdnähe des Mondes vor dem Hintergrund der Wasserzeichen (Fische, Krebs oder Skorpion) statt, dann ist Niederschlag zu erwarten, besonders in Verbindung mit dem Sternbild Fische.

Bewässerung an Tagen mit Erdnähe fördert die Pilzkeimung.

KOMBINATIONS-WIRKUNGEN

Aus Versuchen weiß man, dass die Stärke der Erdnähewirkung durch die Stellung des Mondes beeinflusst wird. Treffen Erdnähe und Vollmond zusammen, so tritt an vielen Kulturen verstärkt Pilzbefall auf. Man hat die Vorstellung, dass der Vollmond hierbei als Gravitations-Sammellinse wirkt und zu einer Verstärkung des Negativen bzw. einer Schwächung der Pflanzen führt. Daher wird dieser Tag in meinen Arbeitsempfehlungen der Aussaatkalender als „ungünstig für Saat und Pflanze" bezeichnet.

ERDNÄHEWIRKUNG AUF GEHÖLZE

In meiner Zeit als Baumschulleiter habe ich einmal versuchsweise einen Teil Rosenwildlinge bei Erdnähe des Mondes aufgeschult. Ich wollte dabei in Erfahrung bringen, ob die Gehölze ebenso sensibel auf die Wirkung des Mondes reagieren wie dies von Gemüsepflanzen oder Kräutern bekannt ist. Das Ergebnis meines Versuchs war eindeutig:
Die Rosenwildlinge wuchsen schwach und blieben auch im nächsten Jahr ihrer Entwicklung schwach. Ich habe noch versucht, die starke Erdnähewirkung durch Düngergaben, auch mit wiederholt ausgebrachter Flüssigdüngung, zu überwinden. Die Versuche blieben erfolglos und ich zog daraus den Schluss, dass es ratsam ist, auch an Gehölzen wie Rosen während der Zeit der Erdnähe keine Arbeiten zu verrichten.

ERDNÄHE UND BEWÄSSERUNG

Die Gefahr durch Pilzbefall ist zur Zeit der Erdnähe besonders groß. Da fast alle Pilzsporen zum Auskeimen und zum Infizieren der Pflanzen Wasser – vornehmlich einen Flüssigkeitsfilm auf ihren Blättern – brauchen, sollte bei Mondstand in Erdnähe (Pg) nicht bewässert werden. Dies bestätigen auch die Ergebnisse der Versuchsprotokolle von Gemüseaussaaten, die zur Zeit der Erdnähe gewässert wurden.

Erdferne des Mondes

Weißkohlkopf

Durch die Wirkung der Erdferne des Mondes wird das Wachstum der Pflanzen so verändert, als werden sie von der Erde weggezogen. Bei Weißkohl äußerte sich das häufig so, dass der Strunk hoch bis in den Kopfteil reicht. Man hat weiter beobachtet, dass dieser Mondstand die vorschnelle Tendenz zur Reife, zum Durchschossen, und zu flatterigem Wuchs bewirkt.
Die Empfehlung, auch an diesem Tag keine Arbeiten im Garten und vor allem keine Aussaaten durchzuführen, wird durch die Auswertung der Versuchsprotokolle gestützt.

Erdferne und Forschung

In der folgenden Tabelle habe ich Ergebnisse von Versuchsaussaaten zusammengestellt, die zur Zeit der Erdferne durchgeführt wurden. Die Bewertungen für diese Gemüse waren fast durchweg negativ. Von 24 Weißkohl-, Brokkoli- und Bohnensorten, die alle bei Mondstand in Erdferne gesät wurden, waren über 90 % deformiert und daher nicht für die Vermarktung geeignet. Die Weißkohlsorten reagierten, wie man das auch von anderen kosmischen Wirkungen kennt, mit der Bildung eines langen Strunkes, der die Standfestigkeit der Pflanzen beeinträchtigte. Bei den Busch- oder Stangenbohnen fielen 5 von 5 ausgesäten Sorten wegen unansehnlicher Hülsen und geringer Standfestigkeit der Pflanzen auf.

Gemüse, die bei Erdferne gesät wurden

Gemüse	Aussaat	Konstellation	Anzahl Sorten und Versuchsergebnis	
Brokkoli	24.03.81	Erdferne des Mondes	9	1 +
Busch- und Stangenbohnen	15.08.84	Erdferne des Mondes	5	0 +
Weißkohl	26.04.80	Erdferne des Mondes	10	1 +

+ = Anzahl Sorten positiv im Sinne des Anbauers

Der Vollmond

Die Vollmondnacht beunruhigt viele Menschen.

Von allen kosmischen Wirkungen, die Sterne und Planeten auf die Natur haben, ist die Erscheinung des Vollmondes wohl die bekannteste und landläufig auch die akzeptierteste.
Die dem Vollmond oft nachgesagte vitalisierende Wirkung auf Pflanzen war die erste kosmische Kraft, die wissenschaftlich untersucht und belegt wurde (Näheres dazu siehe S. 12).
Die Pflanzen profitieren nachweislich vom Mondlicht, weil dadurch nicht nur gespiegeltes Sonnenlicht, sondern auch mehr Energie aus dem Tierkreis, die so genannten Zodialkräfte, auf sie fällt.

Vollmond und Oppositionen

Man spricht in der Astronomie von Vollmond, wenn der Mond, die Erde und die Sonne entlang einer gedachten Linie im Kosmos eine Gerade bilden. Da der Mond dabei aufgrund seiner um 5 ° zur Sonnenbahn versetzten Umlaufbahn fast immer außerhalb des Erdschattens steht, ist er nachts am sternenklaren Himmel als leuchtende Scheibe zu sehen. In der Fachsprache wird diese Konstellation auch als Opposition bezeichnet.
Neben der Sonne können auch die Planeten unseres Sonnensystems in eine Opposition mit dem Mond treten. Das ist immer dann der Fall, wenn derjenige Planet, zu dem der Mond in Opposition steht, auf einer gedachten Linie liegt, die vom Mond über die Erde bis hin zum jeweiligen Planeten reicht.

Kombinationswirkungen

Der Vollmond verstärkt als Gravitations-Sammellinse alle positiven und negativen kosmischen Wirkungen auf Pflanzen. Treffen z.B. Erdnähe (Pg) und Vollmond zusammen, so werden die Negativwirkungen der Erdnähe verstärkt und zur Erde gespiegelt. Bei einem Aufeinandertreffen von Vollmond und Knotenpassagen, haben wir eine Mondfinsternis. Die Folge davon ist ein totaler Ausfall an kosmischer Energie für das Pflanzenwachstum. Eine positive Wirkung bringt der reine Vollmond (Opposition) und der Vollmond, der sich in Opposition zu einem Planeten im Sonnensystem befindet. Alle Aussaaten, die zu diesen Zeiten durchgeführt wurden, brachten beste Ergebnisse für den Anbauer.

Gemüse, die bei Vollmond ausgesät wurden

Gemüse	Aussaat/ Pflanzung	Konstellation	Anzahl Sorten und Versuchsergebnis	
Kopfsalat	12.05.90,	Skorpion	20	18 +
Kopfsalat	02.05.84	Stier	15	15 +
Kopfsalat	14.07.90	Fische	12	10
Kopfsalat	21.08.88	Skorpion	+10	9 +
Rotkohl	18.04.83	Zwilling	12	11 +
Rotkohl	15.05.84	Skorpion	10	8 +
Salat	28.04.83	Waage	17	13 +
Wirsing	02.05.91	Skorpion	15	13 +
Brokkoli	12.07.88	Zwillinge	6	6+
Buschbohnen	14.05.83	Stier	23	21 +
Rote Bete	14.05.83	Stier	10	10 +

+ = Anzahl Sorten positiv im Sinne des Anbauers

Vollmond und Forschung

Alle in der Tabelle aufgelisteten Gemüsesorten wurden bei Vollmond und Oppositionsstellungen des Mondes zu anderen Planeten gesät. Die Beurteilungen der Ernteergebnisse weisen beste Noten für die Gemüse aus. Zwei Beispiele: Von 15 Sorten Kopfsalat, an Skorpion (= Blatttag), bei Vollmond und Opposition zu Mars gesät, gehörten 99 % zur Handelsklasse I. Das gleiche Ergebnis findet sich bei Roter Beete: Davon wurden 10 Sorten bei Vollmond, Mondstand Stier (= Wurzeltag) und Opposition zu Jupiter gesät. Das Versuchsprotokoll lautete hier: „Einheitlich gute Innenqualität, groß sortierend".

Anhand dieser Ergebnisse konnte ich nachweisen, dass Pflanzen auf alle Oppositionsstellungen des Mondes – egal ob zur Sonne oder zu anderen Planeten – in ähnlicher Weise reagieren.

Die Pflanze und ihre Bedürfnisse

Sonnenlicht, Wärme, Wasser und ein gesundes Bodenleben sind die Voraussetzung für gesunde Pflanzen. Gärtnern nach dem biologisch-dynamischen Prinzip bedeutet, diese Elemente für den Anbau optimal zu nutzen und dabei die Natur und den Boden zu schonen. Unterstützt wird das Wachstum durch Quarz und biologischen Pflanzenschutz.

DIE BEDEUTUNG DER SONNE

Es gibt keinen Lebensvorgang, der nicht in fest gefügten, natürlichen Rhythmen und Phasen abläuft. Genau so ist das mit dem Pflanzenleben. Auch Pflanzen haben ihre eigenen Entwicklungsphasen und Entwicklungsbedingungen, die es bei ihrer Pflege und ihrem Anbau zu berücksichtigen gilt.

WIE PFLANZEN WACHSEN

Das Pflanzenwachstum ist abhängig von der Sonne. Ohne die Strahlen der Sonne würde keine Pflanze auch nur einen Zentimeter wachsen, keine Blüten und Früchte hervorbringen, ja ihre Samen würden, sollten sie überhaupt zu keimen beginnen, so rasch wieder sterben, wie sie zum Leben erweckt worden sind.
Die Energie der Sonne haben die Vorläufer der Pflanzen, die Blaualgen, vor vielen Millionen Jahren als Quelle und Motor für ihren Stoffwechsel entdeckt.

Sie „erfanden" ein System, mit dem es möglich war, das damals in der Atmosphäre reichlich vorhandene Kohlendioxid mit Hilfe der Energie aus den Sonnenstrahlen in Traubenzucker und damit in für sie verwertbare Nahrung umzuwandeln. Diese Erfindung war von Anfang an so genial, dass sie im Laufe der Jahrmillionen mit nur wenigen Verbesserungen von allen Pflanzen übernommen wurde.
Jede Pflanzenzelle trägt in sich unzählige so genannter Chloroplasten, kleine, der Form und dem Aufbau von Blaualgen verblüffend ähnliche Organellen, in denen aus Kohlendioxid und Wasser Traubenzucker aufgebaut wird. Gewissermaßen als Abfallprodukt entsteht dabei

Die Sonnenblume – das Sonnensymbol schlechthin

Ein komplexer Vorgang: Die Photosynthese

Sauerstoff. Das Gas, ohne das wir Menschen und Tiere nicht überleben könnten.
Das patente System, mit dem zunächst die Algen und später auch die Pflanzen die Erde zu revolutionieren begannen, nennt man Photosynthese oder auch Assimilation.
Sobald der Zucker aus der Assimilation mit dem Dünger aus dem Boden zusammenkommt, können die Pflanzen daraus alle nur denkbaren Stoffe wie Eiweiße, Fette, Vitamine, Zellstoff, Holz und Wachs aufbauen.
Alles, was sie nicht selber zum Wachsen und Gedeihen brauchen, wird als Depot in Samen und Wurzeln gespeichert. Die süßen Früchte und das schmackhafte Gemüse sind jedoch keine Speicher, sondern ein Lockmittel für Menschen und Tiere, damit sie die Früchte essen und damit die Samen, die nicht verdaut werden können, in alle Welt verbreiten.

DIE SONNE ALS REGULATOR

Das Sonnenlicht hat aber auch eine Bedeutung bei der Regulation der verschiedensten Stoffwechselvorgänge. Ein Beispiel, das sicherlich jeder kennt, der schon einmal Samen selbst ausgesät hat, ist das unterschiedliche Verhalten von Samen bei der Keimung.

In Früchten ist viel Sonnenenergie gespeichert.

Die einen Samen, die so genannten Lichtkeimer, brauchen Sonnenlicht, damit aus dem harten Kern das junge Pflänzchen sprießen kann. Solche Samen sät man flach aus und bedeckt sie nur leicht mit Erde. Die anderen, das sind die Dunkelkeimer, registrieren auf ihren Schalen zwar auch das Sonnenlicht. Für die eigentliche Keimung, also den Vorgang, bis das junge Pflänzchen die Samenschale durchbricht, brauchen sie das Licht aber nicht. Ihre Samen sät man einige Zentimeter tief unter die Erde.
Wenn wir selbst Saatgut ernten und Samen daraus ziehen, müssen wir uns unbedingt über das Keimungsverhalten der Samen informieren. Falsch ausgesäte Samen bringen auch unter der richtigen Konstellation keine guten Ergebnisse.

Dunkelkeimer können tief gesät werden.

DIE SONNE – TAKTSTOCK DER NATUR

Ein weiterer Prozess, den die Sonne in den Pflanzen steuert, ist für jedermann sofort sichtbar, wenn er sich die Entwicklung der Pflanzen im Laufe eines Jahres ansieht. Im Frühling, bei aufsteigender Sonne, beginnen die Knospen zu sprießen und die Blüte setzt ein. Im Sommer entwickelt sich das Laub und die Frucht nimmt an Größe zu. Im Herbst sind Pflanze und Frucht ausgewachsen. Es ist die Zeit der Ernte. Alle Säfte verlagert die Pflanze nun vom Spross in die Wurzel. Die Blätter verfärben sich und bis zum nächsten Frühling setzt die Zeit der Ruhe ein.
Was für uns normal und so natürlich erscheint, dass wir gar nicht mehr darüber nachdenken, ist für die Pflanze nicht selbstverständlich und wird von einer Reihe von komplizierten chemischen Reaktionen begleitet.
Es sind Rezeptoren, kleine Antennen, die auf der Pflanzenoberfläche sitzen und melden, wann es Zeit zum Austreiben oder zum Abwerfen der Blätter ist. Diese Rezeptoren messen fortwährend die Tageslänge und sind zu-

sammen mit andern chemischen Empfängern in der Pflanze z.B. für den Zeitpunkt der Blütenbildung, die Ausprägung von Blattformen und das allgemeine Wachstum der Pflanze verantwortlich. Sobald wir diese Dinge kennen und verstehen, können wir sie uns im Garten zu Nutze machen. Denn sie funktionieren praktisch bei allen Pflanzen, egal ob Gemüse oder Obst, Blume oder Strauch. Das Einzige, was sie unterscheidet, ist die Empfindlichkeit, mit der die Pflanzen diese Reize interpretieren und darauf reagieren.

Für jede Pflanze gibt es einen idealen Standort.

Wenn man im Garten Waldmeister anbaut, der in der Natur nur im Schatten gedeiht, dann sollte er auch ein schattiges Plätzchen erhalten. Wenn man licht- und wärmeliebende Pflanzen wie Rosmarin zieht, dann gehören diese nicht in eine finstere Ecke. Das Gleiche gilt für Obstbäume: Sie streben alle nach dem Licht. Wenn sie zu eng aneinander stehen, bilden Sie nur Wasserschosser aber keine Frucht. Hier nützt auch der fachgerechte Schnitt bei absteigendem Mond nichts. Wachsen Pflanzen im Garten so wie in der Natur, kann auch der Mond mit seinen Kräften voll zum Zuge kommen.

TIPP vom Gartenmeister

Es gibt Pflanzen wie die Bohne, die ihre Blätter nach der Sonne bewegen, um das Licht besser ausnutzen zu können. Morgens werden ihre Blätter nach Osten, mittags nach Süden und am Abend gen Westen gerichtet. In der Nacht sind sie abgesenkt und nehmen eine gewisse Schlafstellung ein. Man nennt diese Lichtbewegungen Phototropismus.

MIT QUARZ DIE SONNE VERSTÄRKEN

Rudolf Steiner hat in seinen Forschungen zum ökologischen Landbau ein Präparat entwickelt, mit dem die Pflanze mehr Lichtenergie aufnehmen kann, als dies unter freiem Himmel möglich ist. Dieses Präparat nutzt die Eigenschaft des Gesteins Quarz aus, Lichtenergie speichern und in gebündelter Form an die Zelle abzugeben zu können.

Quarz oder Kiesel, auch Siliziumdioxid genannt, kommt in der Natur überall vor. Die Erdrinde besteht zu 70 % aus Siliziumverbindungen. In den meisten dieser Verbindungen sind noch andere Elemente eingelagert, welche diese Gesteine für die Energievermittlung an die Pflanzen nicht brauchbar machen.

Herstellung eines Quarzpräparates

Für die Herstellung von Quarzpräparaten benötigt man geringe Mengen des Quarzgesteins, die mit Wasser vermischt und anschließend mindestens 5 Minuten intensiv, sowohl links als auch rechts herum, gerührt werden (siehe S. 74). Längeres Rühren oder Verschütteln über 10 Minuten führt zu einer Verbesserung der Wirkung. Das Ausgangsmaterial, den reinen Quarz, kann man heute in speziellen Geschäften kaufen. Am Ende des Buches finden Sie eine Liste von Adressen und Bezugsquellen.

Wirkungen des Quarzpräparates

Über Quarzwirkungen im Pflanzenanbau gibt es viele Erkenntnisse:
Bei Gemüse bewirkt die Aktivierung der Sonnenenergie durch Quarz eine Verbesserung im Geschmack, Aroma und inneren Wertstoffen. Möhren werden süßer, da durch die verbesserte Assimilation mehr Zucker gebildet und in die Frucht eingelagert wird.

Quarz vermittelt Lichtenergie

Knackiges Obst
und Gemüse durch Quarzanwendung

Bei Beerenobst und Wein bewirkt die Intensivierung der Assimilation ebenfalls eine erhöhte Zucker- und Aromabildung. Auch die Gelierfähigkeit wird verbessert. Bei Baumobst sind die Ausfärbung der Früchte, die Aromabildung und Haltbarkeit deutlich besser als ohne Quarzanwendung. Auch hier ergeben sich höhere Zuckerwerte.

Die Anwendungszeit

In meinem Baumschulbetrieb habe ich das Präparat intensiv eingesetzt und auf viele Kulturen ausgeweitet. Die beste Tageszeit für das Aussprühen ist üblicherweise morgens, in der Zeit von 6 bis 7 Uhr, weil dann die Wärmestrahlen der Sonne noch nicht wirksam sind. Die Behandlung bei Rosen beginnt im Frühjahr, sobald genügend Blattfläche zur Aufnahme der Sonnenenergie vorhanden ist. Von September bis Oktober wird, zum besseren Ausreifen (Verholzen) der Triebe, am Nachmittag gesprüht. Damit wird die Frosthärte verbessert.

Derart behandelte Rosen sind bei mir frei geblieben von Mehltau, Sternrußtau oder Rosenrost. Das sind Pilzkrankheiten, die darauf angewiesen sind, die Zellwand bei einer Infektion zu durchdringen.

Obstbäume werden genau so wie Rosen mit Quarz behandelt. Man erzielt mit der Behandlung am Nachmittag (16 bis 17 Uhr) zusätzlich eine bessere Schalenfestigkeit der Früchte und damit eine bessere Lagerfähigkeit.

Es ist wichtig zu wissen, dass das Quarzpräparat kein Pflanzenschutzmittel zur Insekten- oder Pilzbekämpfung ist. Es ist ferner auch kein Stärkungs- oder Düngemittel im Sinne einer Nährstoffzuführung. Dagegen spricht alleine die annähernd homöopathische Dosierung im Sprühwasser.

Der Boden und das Bodenleben

Dass man auf einem Feld eine Frucht nicht zweimal hintereinander anbaut, ist eigentlich seit den Anfängen der Landwirtschaft ein ungeschriebenes Gesetz. Eine Frucht laugt den Boden durch den Entzug von ganz bestimmten Nährstoffen einseitig aus, und der wiederholte Anbau derselben Frucht auf demselben Acker führt im Laufe der Jahre zu einer Ermüdung des Bodens. Die dort angebauten Pflanzen werden im Laufe der Jahre immer kleiner und bringen nur noch spärlichen Ertrag.

Man weiß heute, dass die Bodenmüdigkeit ganz eng verknüpft ist mit der Bodengesundheit. Ein gesunder Boden hat reichlich Humus und ein intaktes Bodenleben, welches aus der jährlich anfallenden Streu neuen Humus und neue Nährstoffe für die Pflanze macht.

Was ist Bodenleben?

Wenn man von Bodenleben spricht, so sind damit nicht nur die Regenwürmer, Schnecken, Tausendfüßer und andere Bodenlebewesen, die man sehen kann, gemeint. Das Bodenleben besteht vor allem aus Bodenmikroben, mikroskopisch kleinen Lebewesen, die zwischen Bodenkrümeln leben. Diese Mikroorganismen sind für das Pflanzenwachstum wichtig, weil sie die abgestorbene Pflanzensubstanz zu Humus umbilden.

Die Vielfalt verschiedenster Mikroben, also ein reichhaltiges Bodenleben, ist der beste Schutz vor Erregern von Pflanzenkrankheiten. Das hängt damit zusammen, dass in einem bestimmten Stück Erde nur eine bestimmte Anzahl an Mikroorganismen leben kann. Ist der Boden ausgeglichen und gesund, überwiegen die „guten" und verdrängen durch ihr Zusammenleben die „schlechten" Mikroorganismen. Umgekehrt ist es, wenn es dem Boden aufgrund jahrelanger Misswirtschaft schlecht geht, dann sammeln sich mehr krankheitsbildende Keime an.

WIE BODENLEBEN WIRKT

Versuche an der Universität Bonn haben gezeigt, dass Keimlinge in käuflichen Anzuchterden anfälliger für Krankheiten sind als solche Jungpflanzen, die in Anzuchterden mit einem Zusatz von 5 % mikroorganismenreichem Kompost aufwachsen. Die Beimischung von Kompost hatte also einen nachhaltigen Einfluss auf die Mikroorganismengesellschaft der Pflanzerde. In dieser Erde fand sich ein deutlich aktiveres Mikrobenleben, als in herkömmlicher Pflanzerde. An diesem Versuch zeigte sich, dass ein biologisch gepflegter Boden auch auf die Vitalität und die Widerstandskraft der Pflanzen positiv wirkt. Dafür spricht auch die Tatsache, dass konsequent biologisch arbeitende Betriebe ohne chemisch erzeugte Pflanzenschutzmittel auskommen. Die natürliche Widerstandskraft des Bodens gegenüber Krankheitserregern beruht also auf der Vielfalt und Aktivität der Mikroorganismen und ist der beste Schutz der Gartenkulturen.
Aus diesen Erkenntnissen ergibt sich zwingend, dass die Bodenmikroben aktiv gehalten werden müssen. Das ist

Kompost fördert die Wuchskraft von Keimlingen.

am besten zu schaffen durch Mulchen, Gründüngung oder Kompostgaben, d.h. Hinzufügen von abgestorbener Pflanzensubstanz als Nahrungsgrundlage für die Mikroben.

DAS MULCHEN

Mulchen ist eine der natürlichsten und einfachsten Methoden, die Bodengesundheit langfristig zu erhalten. Abgeschaut haben sich die Gärtner das Prinzip vom Wald. Dort fallen besonders im Herbst ungeheure Mengen an Laub und Streu an, aus denen sich im Laufe der Zeit eine dicke Mulchschicht bildet. Diese schützt den Boden vor Austrocknung und stellt laufend Nährstoffe für die Bodenlebewesen und die Bäume bereit.

Erdbeeren werden mit Stroh gemulcht.

Wenn wir im Garten unsere Beete mulchen, dann stehen uns dafür eine ganze Palette von Naturstoffen mit den unterschiedlichsten Eigenschaften zur Verfügung. Das Stroh, mit dem wir den Boden unter Erdbeerpflanzen abdecken sollten, verrottet nur sehr langsam und gibt wenig Nährstoffe an den Boden ab. Es ist ideal zum Schutz der Beeren vor Feuchtigkeit und Schmutz. Dadurch wird auch der Befall der Beeren durch den Grauschimmelpilz vermindert.

Mit dem nährstoffreichen Grasschnitt kann man ideal den Boden unter Gebüsch und Stauden abdecken. Vor allem Regenwürmer lassen sich das frische Gras schmecken und ziehen es in Röhren unter die Bodenoberfläche. Aus dem Kot der Würmer werden Nährstoffe für die Pflanzen frei, und die gebohrten Gänge schaffen viel Luft in den festen Boden.

Rindenmulch ist sehr gut für das Abdecken großer Flächen wie Staudenbeete und Hänge geeignet. Die Borken sind durch den hohen Gehalt an Sube-

rin, einem Stoff, der nur sehr langsam abgebaut werden kann, äußerst unanfällig gegen Verrottung und sie bleiben dadurch lange schön und dekorativ.
Mit Mulchfolie aus Kunststoff trägt man zwar nicht zur Belebung des Bodenlebens bei, dafür ist sie aber von allen Materialen am besten dazu geeignet, den Unkrautwuchs zu unterdrücken. Unter der lichtdichten Folie, die man bei der Pflanzung von Gemüse im Frühjahr ausbringt, bleibt das meiste Bodenwasser erhalten. Das Wasser, welches das Gemüse während einer Saison braucht, liefert der Boden aus der Tiefe nach.
Wir sehen also:
Jede Mulchart hat also ihre ganz besonderen Eigenschaften, und wir sollten sie daher auch ganz gezielt einsetzen.

Im Herbst sollte Gründünger in die Beete gesät werden.

DIE GRÜNDÜNGUNG

Wer im Spätherbst über das Land und durch die Fluren fährt, der sieht zuweilen Äcker und Felder, die über und über dicht an dicht mit kleinen, sattgrünen Pflänzchen bepflanzt sind. Hierbei handelt es sich um Gründünger, kleine schnell keimende und schnell wachsende Pflanzen, die der Bauer sofort nach der Ernte in das Feld einsät. In der Landwirtschaft hat man oft das Problem, die Düngung so genau regeln zu können, dass nach der Ernte auch der zusätzlich gegebene Dünger aufgebraucht ist. Das hat zur Folge, dass jährlich ein Teil der nicht genutzten Nährstoffe in das Grundwasser laufen und dieses verschmutzen kann.

Senf baut viel Grünmasse auf.

Aus diesem Grund sät man auf das brache Feld Gründünger, der wegen seines raschen Wachstums die überflüssigen Düngestoffe aus dem Acker aufnehmen und über den Winter in den Pflanzen binden kann.

Im zeitigen Frühjahr, sobald der Acker wieder befahrbar ist, werden die Pflanzen gemäht und flach untergepflügt. Sie ergeben zusammen mit den im Boden verbleibenden Wurzeln einen wunderbaren Startdünger für die kommende Frucht.

Die Gründüngung hat aber noch eine Reihe weiterer Vorteile: Wenn sie nach Ende der letzten Kultur im Herbst gesät wird, schützt sie den nackten Boden den Winter über vor Erosion, Verschlämmung und Auswaschung. Die feinen Wurzeln der Gründüngerpflanzen halten das Erdgefüge zusammen und nehmen bis in den Spätherbst überschüssige Niederschläge auf.

Gründünger im Garten

Im Garten können wir das Verfahren des Gründüngens ebenfalls einsetzen und damit das Grundwasser schonen und dem Boden neuen Humus zuführen.

Besonders zu empfehlen ist die Gründüngung im Gemüseanbau. Den Sommer über werden frei gewordene Flächen vor einer Neubepflanzung mit Gründünger eingesät. Mit der Blüte mäht man die Pflanzen ab und verwendet das Grün als Mulch, den man nur oberflächlich einarbeitet. Sobald die Wurzeln absterben oder eintrocknen, entstehen im Boden Hohlräume, in die Außenluft eindringt. Dadurch wird das Bodenleben mit Sauerstoff versorgt.

Die Gründüngung kann man auch als Zweitkultur, z.B. nach der Kartoffelernte, anpflanzen. Hierfür sät man, sobald das Beet im Herbst abgeräumt ist, eine Saatmischung aus Gründünger (Fachhandel) breitwürfig aus. Die Saat bleibt über den Winter stehen und wird im Frühjahr ein bis zwei Wochen vor der Pflanzung leicht in den Boden eingearbeitet.

Mit Gründünger bleibt der Boden dauerhaft locker. Dagegen stellt jede mechanische Bearbeitung des Bodens, (Pflügen, Graben, Fräsen) immer nur eine vorübergehende Lockerung dar. Durch Befahren, Begehen, oder Niederschlag entsteht erneut Bodenverdichtung, d.h. Sauerstoff- und Stickstoffmangel für die Wurzeln.

TIPP vom Gartenmeister

Beim Einarbeiten des Gründüngers sollte man den Boden auf keinen Fall tiefer umgraben, da sonst die oberirdischen sauerstoffabhängigen Bakterien nach unten gelangen und dort absterben. Die anfallende Pflanzenmasse kann dann mangels Sauerstoff nicht mehr in nahrhaften Humus umgewandelt werden. Gut geeignet für die Bodenbearbeitung ist der Sauzahn.

Ein dekorativer Gründünger: Phacelia

Als Gründünger bieten sich alle schnell wachsenden einjährigen Arten an. Sie bilden viel Pflanzenmasse und lockern mit ihren Wurzeln die Böden tiefgründig auf. Dazu zählen Kreuzblütler wie Senf oder Phacelia und Leguminosen (Stickstoffsammler) wie Lupinen oder Inkarnatklee.

Wenn auf dem Beet in der Mehrzahl Kohlarten wachsen, sollten wir keine Kreuzblütler als Gründünger verwenden. Durch die Pflanzenverwandtschaft wird das Wachstum von bodenbürtigen Krankheiten des Kohls verstärkt. Säen sollten wir statt dessen nur Phacelia, eine Art, die keinen Verwandten bei den Nutzpflanzen hat und daher keine Unverträglichkeiten erzeugt.

DAS KOMPOSTIEREN

Der Kompost ist zusammen mit dem Mist einer der wertvollsten natürlichen Bodenverbesserer. Einen Komposthaufen sollte man sich daher nicht nur aus Gründen einer umweltgerechten Müllentsorgung anschaffen.
Richtig kompostieren ist nicht schwierig, will aber gelernt sein, denn nicht jeder biologische oder organische Abfall gehört automatisch auf den Kompost. Vor allem Speise- und Fleischreste sollten nicht kompostiert werden. Sie enthalten neben Fett und Knochenmaterial viel Kochsalz, das sich im Kompost anreichert. Für verschimmelte Speisen und Gartenabfälle, die von Pilzen und Bakterien befallen sind, ist ebenfalls nicht der Kompost, sondern die Biomülltonne oder der hauseigene Kachelofen die richtige Entsorgungsmethode.
Die geeigneten Materialien für den Kompostaufbau sind außer Kaffeesatz und Teeresten alle unzubereiteten Küchenabfälle, wie Gemüse- und Obstabfälle, Gartenabfälle, Rasenschnitt, Heu, Laub und kleinere Ästchen.

Kompostbehälter aus Holz haben eine gute Luftzufuhr.

Kompost wird ursprünglich als Haufen aufgesetzt.

Anlage eines Komposthaufens

Der Kompost muss bereits von Anfang an richtig angelegt werden. Zunächst ist dafür der richtige Standplatz entscheidend. Um zu verhindern, dass das Material allzu schnell austrocknet, sucht man sich eine schattige, nicht direkt von der Sonne beschienene Ecke. Man kann jetzt entweder einen richtigen Haufen aufschichten, oder – bei weniger Platz – Kompostiertonnen oder Kunststoff- und Holzgestelle aus dem Gartenfachhandel verwenden.

Zuunterst füllt man grobe Äste ein. Diese sorgen für eine gute Durchlüftung des Haufens. Dann wird mit feinerem Material wie Stroh- oder sehr fein gehäckselten Schnittabfällen überschichtet. Darüber kommt nun etwas Gartenerde und schließlich Ihre ersten zu kompostierenden Grünabfälle. Wichtig ist, dass während der ersten Monate bei jeder Abfallzugabe immer etwas Erde zur Stabilisierung beigemischt wird. Hilfreich ist auch die Zugabe von Urgesteinsmehl zur Strukturverbesserung und Stabilisierung des Kompostes. Nach etwa vier Wochen ist der erste Teil vollständig kompostiert und kann zur Bodenverbesserung verwendet werden.

Im Kompost sollte sich für eine gute Durchlüftung lockeres und festes Material abwechseln.

Das Wasser

Die Grundlage eines jeden Lebens ist das Wasser. Ohne Wasser würde es keinen Stoffwechsel geben. Die Pflanzenzellen hätten ohne Wasser keine Stabilität und könnten nicht keimen. Tiere und Menschen benutzen das Wasser auch, um damit aus ihrem Organismus giftige Stoffe und überflüssige Salze ausscheiden zu können.

Bewegtes Wasser

Bei der Pflanzenpflege nach biologisch-dynamisch Prinzipien kommt dem Wasser eine zweite wichtige Bedeutung zu: der Bewegungs- und Vermittlungsaspekt.
Schon der Begründer der medizinischen Wissenschaften, Hippokrates, bemerkte, dass Wasser ein Träger kosmischer Energien sein kann und durch seine Herkunft Einfluss auf die menschliche Gesundheit hat. Wenn es jedoch still und unbewegt ist und zudem aus verschlossenen Behältern, abgedeckten Brunnen oder Wasserleitungen stammt, besitzt es keine kosmische Energien. Solche Wasser nennt man „totes Wasser". Ganz anders sieht es bei Wasser aus, das aus einem Gebirgsbach stammt. Man kennt die Frische dieses Wassers. Es wird in Kurven, in Windungen und Steinen verschiedener Größe verwirbelt. Wasserwirbel sind eine sehr wichtige Voraussetzung für „lebendiges Wasser".
Nach Dr. Wolfgang Ludwig, Diplomphysiker und Strömungsforscher, entsteht Leben an der Grenze zwischen Chaos und Ordnung, ähnlich dem

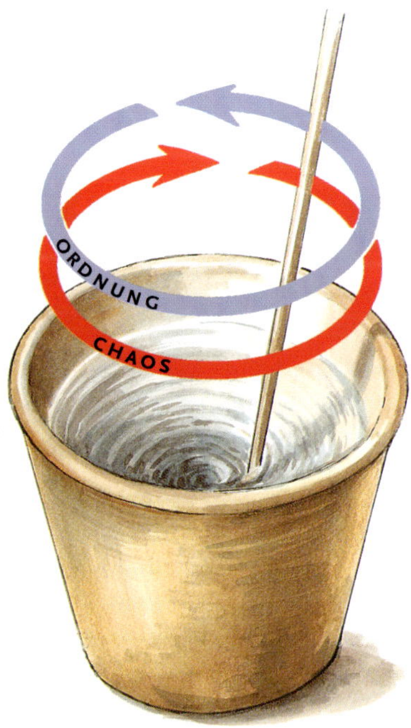

Bewegtes Wasser durch trichterförmiges Rühren

Wasserlauf eines Gebirgsbaches. Die Kurven, Windungen und Steine im Bachbett verursachen viele Wasserwirbel (Chaos). Danach folgt der freie Lauf des Wassers (Ordnung), hin bis zur nächsten Windung, wo es erneut verwirbelt wird.
Es gibt viele wissenschaftliche Arbeiten über diesen Zusammenhang. Ein Zentrum der Wasserforschung ist das Institut für Strömungswissenschaften in Herrischried. Dort setzt man sich vor allem mit der Wasserbewegung als Qualitätsaspekt auseinander.

DAS RÜHRVERFAHREN

Auf der Grundlage der oben beschriebenen Zusammenhänge hat Rudolf Steiner das Rühren des Wassers vor jegliche Anwendung in Präparaten, wie dem Quarzpräparat, gestellt. Er empfahl, Wasser im Rührbehälter intensiv bis zur so genannten Trichterbildung zu rühren. Dadurch entsteht im Wasser eine einheitliche Ordnung. Anschließend folgt der Wechsel der Rührrichtung. Durch den Wechsel erreicht man eine Störung des Wassertrichters (Chaos). Werden die Rührbewegungen noch ein paar Mal wiederholt, entsteht aus dem gewöhnlichen das bewegte Wasser. Bei der Pflanzenbehandlung mit einem Präparat wirkt „lebendiges Wasser" intensiver als gewöhnliches Leitungswasser.

TIPP vom Gartenmeister

Zum Gießen wird idealerweise immer gesammeltes Regenwasser benutzt. Jedoch sollte man darauf achten, dass man nach längerer Trockenheit nicht gleich das erste Niederschlagswasser auffängt, sondern erst 10 Minuten abwartet. Dann ist der Schmutz, z.B. vom Dach, weggewaschen. Ansonsten gießt man neben dem Wasser noch Schmutz und Schadstoffe über die Pflanzen.

WASSER ALS VERMITTLER

Wasser gilt als Verbindungselement zwischen Kosmos und Erde. Deshalb ist der Einfluss des Wassers für die Vermittlung der kosmischen Qualität des Tages, wie auch für das gesamte Keimgeschehen von großer Bedeutung.
Ein Beispiel für die Vermittlung kosmischer Energien ist Wasser, das zum Neumond gesammelt wird. Verwendet man dieses Wasser zum Gießen, z.B. von Aussaaten, dann wird auf diese Pflanzen die schlechte kosmische Resonanz des Neumondes übertragen. Ähnlich verhält es sich mit Wasser von Knotentagen oder Tagen, an denen der Mond sich in Erdnähe befindet.

Die Düngung

Alle Pflanzen brauchen für ihr Gedeihen die Kraft der Sonne, das Kohlendioxid aus der Luft, gesundes, frisches Wasser und ein paar Mineralstoffe, die sie zum allergrößten Teil mit Hilfe der Wurzeln aus dem Boden entnehmen. Die mineralischen Nährstoffe sind für die Pflanze deshalb so wichtig, weil sie mit ihnen nicht nur Eiweiße, Enzyme, Vitamine und die Bausteine für ihre eigene Erbsubstanz, die DNS, herstellen kann. Salze wie Kalium dienen auch dem Druckausgleich in der Zelle.

Gemüse braucht viele Nährstoffe zum Gedeihen.

Nährstoffe aus der Natur

In der vom Menschen unberührten Natur wachsen die Pflanzen, wie es scheint, ohne Zugabe von Düngestoffen seit Millionen von Jahren erfolgreich. Alle Mineralien, welche die Pflanze zum Gedeihen braucht, werden aus einer nur wenige Zentimeter dicken Humusschicht geliefert. Diese Schicht baut sich Jahr für Jahr durch das Verrotten von abgestorbenen Pflanzen und Tieren immer wieder neu auf. Es entsteht ein natürlicher Kreislauf, bei dem in den Boden immer genau so viele Nährstoffe gelangen, wie die Pflanzenwurzeln daraus im nächsten Jahr entnehmen.
Wenn wir diesen Kreislauf stören, weil wir z.B. auf einem Stück Land Gemüse anbauen, dann müssen wir durch Düngung und eine der Natur angepasste Anbauweise dafür sorgen, dass die Bodenfruchtbarkeit

Richtige Pflanzenernährung mit (1) Wasser, (2) Humus und (3) viel Bodenleben

vegetativen Wachstumsphase der Pflanze benötigt. Kalium ist vor allem im Pflanzensaft gelöst. Die Pflanze benötigt das Kalium, um ihre Schließzellen, winzige Atemlöcher in den Blättern, in Abhängigkeit von der Temperatur und der Besonnung öffnen und schließen zu können.

nicht im Laufe der Zeit abnimmt und der Garten für den späteren Anbau ungeeignet wird.

WELCHE NÄHRSTOFFE SIND WICHTIG?

Eigentlich sollte die Frage lauten: „Welche Nährstoffe sind in der Pflanze für was zuständig?" Wichtig sind alle gleichermaßen, obschon nicht jeder Nährstoff in der gleichen Menge aufgenommen wird.
Man teilt die Elemente daher in Makro- und Mikronährstoffe ein. Zu den Makronährstoffen zählen klar diejenigen, welche die Pflanze in großen Mengen aufnimmt und verarbeitet. Das sind Stickstoff (N), Kalium (K) und Phosphat (P), Magnesium (Mg) und Calcium (Ca). Das Stickstoffatom ist Bestandteil aller Eiweiße. Stickstoff wird in großen Mengen während der

Phosphat ist eine Art Energiewährung in den Pflanzen. Ohne sie würde die Pflanze keine Energie speichern und transportieren können. Außerdem ist es Bestandteil ihrer Erbsubstanz.
Die Mikronährstoffe, darunter Eisen (Fe), Kupfer (Cu), Kobalt (Co), Zink (Zi) und Bor (B) werden nur in ganz geringen Mengen aus dem Boden entnommen. Sie sind lebensnotwendig, weil sie Bestandteile der Enzyme, den Arbeitern der Pflanzenzelle, sind.

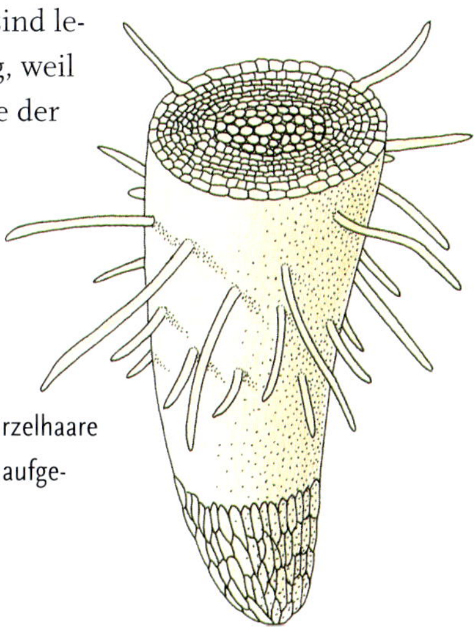

Über die feinen Wurzelhaare werden Nährstoffe aufgenommen.

WIE MAN RICHTIG DÜNGT

Eine Düngung im Sinne eines naturgemäßen und naturbewussten Pflanzenbaus richtet sich immer nach den Bedürfnissen der Pflanze. Bei den Gemüsen werden die unterschiedlichen Arten in Stark-, Mittel- und Schwachzehrer eingeteilt, entsprechend ihres Nährstoffbedarfs. Die Gehölze mit ihrem weiten Wurzelwerk benötigen im allgemeinen nur eine saisonale Düngung im Frühjahr. Kräuter sind anspruchslos und entwickeln auf kargen Böden oft ein besseres Aroma als auf fetten Wiesen.

Den Nährstoffbedarf der unterschiedlichen Arten kann man mit mineralischem Flüssigdünger oder granulierten Düngesalzen decken. Beim Einsatz dieser Dünger sollten wir aber immer daran denken, dass diese Düngeformen dem Bodenleben nur wenig bis gar nicht förderlich sind. Die benötigten Nährstoffe werden von der Pflanze rasch aufgenommen; alles Übrige reichert sich entweder im Boden an oder wird – wie das Nitrat – ins Grundwasser ausgewaschen. Ich empfehle eine Düngung mit organischem Dünger wie Mist, Kompost, Hornspäne, Rizinusschrot und Urgesteinsmehl. Diese natürlichen Stoffe ergeben neuen Humus und einen dauerhaft gut gedüngten Boden.

Düngung mit Naturdünger

Es ist ein weit verbreiteter Irrtum zu glauben, man könne mit Naturdünger nicht überdüngen. In meinen Kursen, wo auch diese Frage gestellt wird, werde ich oft auf die Anfälligkeit der Rosen für Pilzerkrankungen angesprochen.

Auf einem Hügelbeet wachsen Gemüse in reiner Komposterde.

Auf mein Nachfragen nach Art und Menge der Düngung stellte sich fast immer heraus, dass mindestens einmal pro Jahr Hornspäne oder Hornmischdünger, eine Handvoll pro Quadratmeter, gegeben wurden.

Zwiebeln gehören zu den mittelstark zehrenden Gemüsen.

Hornspäne und ebenso Hornmischdünger zersetzen sich langsam und sind in einem Jahr nicht völlig verbraucht. Das heißt aber, dass diese Dünger im nächsten Jahr noch weiter wirksam sind. Wird jedes Jahr erneut Dünger gegeben, reichert sich dieser im Boden an und führt zu Überdüngung. Diese Tatsache ist schon lange bekannt und kommt in einer alten Bauernregel zum Ausdruck: „Horn und Haar – sieben Jahr". Man sieht den Hornspänen leider nicht an, dass sich darin so viel Kraft verbirgt. Ein sparsamer Umgang mit diesem Dünger ist daher angebracht.

Ebenso wie die Hornspäne enthält auch flüssiger Nesseldünger viel Düngekraft und muss daher vor der Anwendung 1:10 bis 1:15 mit Wasser verdünnt werden. Er darf auch niemals in Herzblätter gelangen, es gibt sonst Verbrennungen.Beim Ausbringen von Kompost ist ebenso Vorsicht geboten. Je jünger der Kompost ist, desto mehr schnell verwertbare Nährstoffe enthält er. Zur Bodenverbesserung setzt man jedoch lieber nur gut abgelagerten, tiefbraunen Kompost ein. Dieser düngt den Boden nachhaltiger, weil sich daraus ein Nährstoffdepot im Boden aufbauen kann.

Zum Schluss noch ein Hinweis zur Düngung einzelner Gemüsearten: Nitrat speichernde Pflanzen, besonders Spinat, Rote Bete und Salate, sollten schwächer gedüngt werden. Gar keinen Dünger sollte man vor der Ernte oder während regnerischer Kälteperioden geben. Starkzehrer, wie Kohlarten, Gurken, Kürbis, Sellerie entwickeln sich bei zu geringem Nährstoffgehalt im Boden nur schwach. Hier sollte mit Kompost nachgedüngt werden.

In Urgesteinsmehl sind wichtige Spurenelemente enthalten.

Mittelzehrer wie Zwiebeln, Kartoffeln, Tomaten, Rote Bete, Radies, Rettich, Stangenbohnen, Knoblauch, Fenchel, Chicoreé und Salate bekommen nur eine schwache Düngung. Schwachzehrer wie Möhren, Buschbohnen, Dicke Bohnen, Erbsen und Würzkräuter gehören zu den abtragenden Früchten. Sie kommen mit dem Nährstoffgehalt, der von den Vorkulturen im Boden vorhanden ist, noch gut aus. Hier sollte daher keine zusätzliche Düngung gegeben werden.

URGESTEINSMEHL

Urgesteinsmehl wie auch Bentonit (Ton) ist ein ideales Düngemittel, um die natürliche Bodenfruchtbarkeit zu erhalten und das Pflanzenwachstum mit Spurenelementen zu unterstützen.
Was ist Urgesteinsmehl?
Der Boden ist ein Produkt von Gesteinsverwitterung, bei dem das ursprünglich auf der Erde vorhandene Gestein (Urgestein) durch Wärme, Regen, Säureangriff, Lösung und Ablagerung (Sedimentation) in kleinste Partikelchen zerlegt wurde. Das Ausgangsmaterial, die Urgesteine, wie z.B. Basalt, Vulkangestein oder Diabas, können auch maschinell zerkleinert und fein vermahlen werden. Das Vermahlen entspricht dabei einer Verwitterung im Zeitraffer. Urgesteinsmehl wurde im Landbau schon im Altertum angewendet. Im Urgesteinsmehl sind all jene Spurenelemente enthalten, die der Boden in seinem sprichwörtlichen Urzustand einmal hatte.

Farbspiel aus 'Lollo Rosso', 'Lollo bionda' und Rettich

Düngen mit Urgesteinsmehl

Urgesteinsmehl allein wirkt nicht, da es eine tote Substanz ist. Damit daraus wertvoller Dünger werden kann, muss erst das Leben, genauer das Bodenleben, hinzukommen.
Die Mikrolebewesen im Boden schließen die Spurenelemente aus dem Urgesteinsmehl auf und machen sie aufnahmefähig für Pflanzen. Das „Leben" bekommen wir ganz einfach durch die Vermischung eines organischen Volldüngers mit dem Urgesteinsmehl:
Organischer, feinkörniger Volldünger wird dazu mit der fünffachen Menge Urgesteinsmehl vermengt. In dieser Mischung haben wir einen Dünger von einer Komplexqualität. Für die richtige Dosierung gibt man etwa eine Handvoll Urgesteinsmehl pro Quadratmeter Gartenfläche und arbeitet alles flach ein. Mehr sollte in einem Male nicht gegeben werden. Besser ist eine Wiederholung der Steinmehlgaben, z.B. beim Anhäufeln.

Mist, Kompost und Urgesteinsmehl werden flach in die Krume eingearbeitet.

Andere Verwendungsmöglichkeiten

Zur Kompostierung sollte Urgesteinsmehl eingesetzt werden. Das Kompostmaterial wird damit lagenweise ganz dünn überstreut. Vorsicht bei der Menge: Ein „Zuviel" an Urgesteinsmehl im Kompostmaterial behindert den Rottevorgang.
Zur Läusebekämpfung wie auch zur Raupenbekämpfung verwendet man ebenfalls Urgesteinsmehl. Mit einem Stäubegerät (im Gartenfachgeschäft erhältlich) werden die befallenen Partien (mehrmals in kurzen Zeitabständen) eingestäubt. Diese Insektenbekämpfung wirkt nach meinen Erfahrungen am besten, wenn sie an Neumond durchgeführt wird.

Der Pflanzenschutz

Apfelschorf tritt an Blättern, Früchten und jungen Trieben (Rindenschorf) auf.

Wie Mensch und Tier ist auch die Pflanze nicht vor dem Angriff durch Bakterien, Viren und Pilze gefeit. Tagtäglich versuchen die Erreger sich durch die Blattspaltöffnungen und mikrofeine Verletzungen Zutritt zum Pflanzengewebe und seinem kostbaren Saft zu verschaffen. Tierische Schädlinge, welche der Pflanze von außen zusetzen, erleichtern den Mikroorganismen und Viren die Arbeit.
Ist eine Pflanze erst einmal infiziert, lässt sie sich in den seltensten Fällen erfolgreich heilen. Im Pflanzenschutz ist daher die Vorbeugung die beste Therapie, und auf sie sollten wir bei der Pflanzenpflege unser Augenmerk legen.

Infektionen vorbeugen

Viren, Pilze, Bakterien und auch Schädlinge wie Läuse oder Milben haben eines gemeinsam: Sie greifen gerne geschwächte und einseitig überdüngte Pflanzen an. Der beste Pflanzenschutz fängt daher bereits beim Einkauf an. Sattgrüne, wüchsige und vital aussehende Pflanzen sind das oberste Kriterium bei der Pflanzenauswahl. Gehölze, die im laublosen Zustand im Herbst gesetzt werden, sollten eine makellose Rinde und einen reichen Knospenansatz zeigen. Bei der Aussaat von Kräutern und Gemüsen ist hochwertiges Saatgut aus dem Fachhandel die Voraussetzung für ein gesundes Pflanzenleben.
Der nächste wichtige Faktor ist ein intaktes Bodenleben (siehe S. 66) und der richtige Standort. Denn wenn sich Pflanzen in ihrer Umgebung nicht wohl fühlen, erleiden sie – wie Mensch und Tier – Stress. Der Stress

äußert sich bei Pflanzen in einer Umstellung im Stoffwechsel. Dabei werden bestimmte, flüchtige Substanzen frei, die für Schädlinge ein Signal zum „Angreifen sind". Die alljährlich auftretende Borkenkäferplage ist das beste Beispiel dafür.

VIRENBEFALL ERKENNEN UND VERMEIDEN

Virenbefall erkennt man durch punktuelle Aufhellungen und Scheckungen der Blätter. Die Früchte sind oft verkrüppelt und befallene Stängel und Triebe äußern sich durch einen merkwürdig verdrehten Wuchs. Weil ein Virus eine Pflanze nur befallen kann, wenn er irgendwo eine Eintrittspforte in die Zellen findet, muss man bei allen Verletzungen der Pflanzenoberfläche mit einem Virusbefall rechnen. Dieser geschieht z.B. beim Schnitt, beim Veredeln oder wenn Pflanzen von Saugern wie Läusen, Zikaden oder Wanzen befallen werden. Die Insekten übertragen den Virus beim Saugen. Sind die Pflanzen einmal infiziert, hilft nur ein schnelles und weiträumiges Ausschneiden der befallenen Stellen. Zur Vorbeugung sollten beim Baumschnitt alle Werkzeuge desinfiziert und die Schnittstellen sofort verstrichen werden.

PILZ- UND BAKTERIENBEFALL VERHINDERN

Wenn wir verhindern wollen, dass Pilze unsere Gemüsepflanzen befallen, müssen wir auf eine ausgewogene Düngung achten. Zu viel Stickstoff macht die Zellen „weich". Pilze können dann mit ihren Hyphen, mikroskopisch feinen Schläuchen, in das Pflanzengewebe eindringen und es schädigen. Bakterien- und auch Pilzbefall tritt vermehrt bei längeren Nässeperioden auf. Wenn die Pflanzen zu dicht stehen, kann der Wind das Wasser auf Blättern, Früchten oder Blüten nicht mehr trocknen. Im Feuchten wachsen die Pilze und Bakterien gut, und schon bald erkennt man erste

TIPP vom Gartenmeister

Mit einem Baumanstrich werden die an den Baumstämmen überwinternden Sporen am Auskeimen gehindert. Der Stamm wird dazu erst mit einer Bürste und 3-prozentiger Schachtelhalmbrühe (Rezept S. 115) von Algen und Flechten befreit. Später kommt der Anstrich auf den Baum. Man verrührt dafür etwa 10 Liter verdünnte Schachtelhalmbrühe mit Kuhmist zu einem Brei und fügt zum Schluss 200 ml Wasserglas (eine wasserlösliche Silikatverbindung) hinzu.

Flecken und z.B. ein graues Pilzmycel auf den Blättern.
Da einige Pilze wie der Apfelschorf oder der Rindenkrebs mit ihren Sporen in abgefallenen Blättern und Früchten überwintern, ist es sinnvoll, das Laub und das Fallobst befallener Baume gründlich zu entfernen und mit dem Biomüll zu entsorgen.
Andere Pilze wie Mehltauarten, aber auch und vor allem Bakterien überdauern die kalte Jahreszeit in den Knospen. Hier hilft nur ein radikales Ausschneiden und anschließendes Entsorgen der erkrankten Triebe.
Eine wichtige Infektionsquelle ist auch das Samenkorn. In der Samenschale von Getreide überwintern Brandsporen, welche die jungen Keimlinge schon früh schädigen. Wichtig ist daher immer die Verwendung von qualitativ hochwertigem Saatgut aus dem Fachhandel.

Marienkäfer sind eifrige Blattlausvertilger.

INSEKTEN ALS SCHÄDLINGS-BEKÄMPFER EINSETZEN

Die Natur hat gegen fast alle Schädlinge, die sich an unseren Gemüsen, am Obst und an den Blüten zu schaffen machen, einen natürlichen Gegenspieler erschaffen. Ein Beispiel, das jeder kennt, ist der Marienkäfer. Sowohl seine Larven als auch das erwachsene Tier ernähren sich von Läusen, Schildläusen und Spinnmilben.
Ein ebenso emsiger Blattlausvertilger ist die Larve der Florfliege, auch Blattlauslöwe genannt. In ihrem 3-wöchigen Leben fressen die Larven bis zu 300 Läuse, aber auch Schild- und Wollläuse sowie Fliegen, Raupen und Thripse sind vor ihnen nicht sicher.
In ihrer Entwicklung unterstützen sollte man auch die Schwebfliegen. Ihre Larven vertilgen in zwei Wochen bis

Tautropfen auf dem Spinnennetz

zu 500 Läuse. Die Vermehrung der Schwebfliege wird durch ein reichliches Angebot an Blütenpflanzen gefördert.

Interessant ist der Ohrwurm. Er frisst Raupen, Bodeninsekten, Spinnmilben, viele Larven und Eier von Insekten. In einem mit Holzwolle ausgekleideten und umgedrehten Blumentopf (Bild S. 112) kann man ihm ein Zuhause geben. Zum Schluss möchte ich – wer hätte es gedacht – noch die Spinnen erwähnen. Die trägen Weber sind die Saubermänner in Haus und Garten. Besonders im Herbst kann man in ihren Netzen viele zappelnde Fliegen und Läuse finden. Es gibt noch viele weitere nützliche Insekten, die uns bei der Bekämpfung von Schädlingen und Lästlingen im Garten behilflich sein können. Die Aufzählung kann im Rahmen dieses Buches selbstverständlich nicht vollständig sein. Es soll hiermit jedoch aufgezeigt werden, dass beim ersten Auftreten von Läusen oder von anderen Insekten nicht sofort zur Spritze gegriffen werden sollte, da sonst dem natürlichen Regulativ – den Nutzinsekten – keine Chance bleibt, in ihrer Vermehrung nachzuziehen.

Schwebfliegen werden oft mit Wespen verwechselt.

Die besten Tipps vom Gartenmeister

Jahr für Jahr gesundes Obst, duftende Blumen und knackiges Gemüse zu ernten ist keine Hexerei. Nach dem Studium der ersten drei Kapitel sind Sie schon bestens gerüstet. Auf den folgenden Seiten finden Sie jetzt meine persönlichen Erfahrungen zu Blatt-, Blüten-, Frucht- und Wurzelgemüsen sowie viele weitere nützliche Tipps aus 50 Jahren Gartenpraxis.

Gemüse

Sellerie – schnelles Suppengrün

Jede Hausfrau freut sich, wenn sie im Winter frisches Suppengrün vorrätig hat. Eine gute Quelle dafür ist der Schnitt- oder Stangensellerie. Alles was man über den Bedarf erntet, eignet sich zum Einfrieren. Auf den Versuch, die Blätter des Knollenselleries zu ernten, kann man gerne verzichten.

Typische Blattgemüse: Porree, Rot- und Weißkohl

Sie haben bei weitem nicht die Würzkraft des Schnittgemüses, sondern dienen nur dem Aufbau der Knolle.

Der Anbau

Beim Anbau stellt der Schnittsellerie keine großen Ansprüche an den Boden, wenn man ihn regelmäßig mit Humus versorgt. Gesät wird an Blatttagen in einem Reihenabstand von ca. 30 cm. Was zu dicht steht, wird später nicht vereinzelt oder entfernt, sondern verpflanzt. Eine gute Möglichkeit bietet das Pflanzen zwischen Kohl. Die Nachbarschaft bewirkt, dass Raupen vom Kohl ferngehalten werden. Für den Winterbedarf sät man im Juni aus. Die auflaufenden Pflanzen werden in Töpfe gepflanzt und am hellen Küchenfenster platziert. So haben wir die Möglichkeit, den ganzen Winter frisches Suppengrün zu ernten.

Porree

Dem Porree geht es so ähnlich wie der Möhre. Er wird von einem schadhaften Insekt, der Porreefliege, heimgesucht. Das nachtaktive Tier kann den Porree nicht sehen, findet ihn aber durch seinen Geruch. Mit einer Zwischenpflanzung aus aromatischen Kräutern, wie z.B. Dill oder Petersilie, kann die Intensität des Porreegeruches gemindert werden. In diesem Fall hat es die Porreefliege viel schwerer, den Porree zu finden und Schaden anzurichten.

Rosenkohl wird spät im Jahr geerntet.

ROSENKOHL

Wer kennt nicht den Ärger, wenn der Rosenkohl keine Röschen ansetzt. Geschieht das nicht bis Mitte September, dann ist es ratsam, die Triebspitzen abzuschneiden.
Kurz darauf kann man die Ausbildung der Röschen feststellen. Generell sollte Rosenkohl bis spätestens Ende April ausgesät und bis Juni ausgepflanzt werden.

CHINAKOHL

Für die Aussaat von Chinakohl sollte man einen Termin zwischen Mitte und Ende Juli wählen. Sät man später, erhält man kleine Köpfe. Sät man früher, endet das Kopfwachstum vorzeitig und die Pflanze geht zur Samenbildung über.

SALAT

Salat, im besonderen Kopfsalat, benötigt Licht zur Keimung. Daher sollte die Saat nur sehr dünn mit Erde abgedeckt werden. Das historische Küchengartenbuch von 1776 empfiehlt darüber hinaus eine Aussaat auf Beeten, die der Morgensonne ausgesetzt sind. Salate werden darauf früher erntereif.
Unvermeidbar ist die Kontrolle, dass der Samen während der Keimung nicht austrocknet. Kommt es trotzdem vor, wird Ihnen der Salat das nicht verzeihen und größere Ausfälle sind zu befürchten.

DIE BOHNE

Die Große Bohne, auch als Dicke oder Puffbohne bekannt, gehört zu den delikaten Gemüsearten.
Nicht zu verwechseln ist sie mit der Ackerbohne, die heute keinen Stellenwert in der Küche mehr hat. Sie wurde früher für Futterzwecke und zur Gründüngung angebaut. Nur in Notzeiten fand man sie gelegentlich noch im Kochtopf.

Die Aussaat

Die große Bohne hat neben ihrem besseren Geschmack noch einen weiteren entscheidenden Vorteil. Wenn es für viele andere Gemüsearten noch viel zu kalt ist, kann sie schon im Freien ausgesät werden. Das kann in der Zeit von 15. Februar bis 11. März geschehen. Sie hält Frost bis –4°C ohne größere Probleme aus. Sollte die Witterung eine Aussaat dennoch unmöglich machen, kann man sie in kleine, mit Aussaaterde gefüllte Töpfe säen. Zu einem späteren Zeitpunkt kann man die Puffohne dann ins Freie pflanzen.
Um eine gesunde Entwicklung der Bohnen zu gewährleisten, ist es nötig, einen Reihenabstand von ca. 30 cm und einen Abstand in der Reihe von ca. 10 cm einzuhalten.

Wirkung von Bohnenkraut

Gegen die schwarze Bohnenlaus, einen Schädling, dem der Pflanzensaft aus den Blättern gut schmeckt, sät man breitwürfig Bohnenkraut zwischen die Bohnenpflanzen. Bohnenkraut verbessert zudem durch eine gute Nachbarschaftswirkung den Geschmack der Bohnen. Aus diesem Grunde ist es nie verkehrt, wenn die beiden Pflanzen zusammen wachsen. Dieses Beispiel bestätigt eine alte Volksweisheit: Was auf dem Beet gut zusammenpasst, ist auch harmonisch im Speiseplan.

Der Anbau

Ein wichtiger Arbeitsschritt im Bohnenanbau ist das Abschneiden der oberen Spitze der Bohnenpflanze.
Dies wurde bereits im Küchengarten-Kalender von 1776 unter dem Monat Mai beschrieben.
Sinngemäß lautet der Eintrag dort wie folgt: „Sobald sich in diesem Monat an den großen Gartenbohnen die ersten Blumen öffnen, muss jedem Stängel, sobald sich unten an demselben die

Puffbohnen in der Blüte

erste Blume zu öffnen beginnt, das Herz in der Spitze ausgekniffen werden, damit teils die ersten unteren Blumen so viel gewisser Schoten ansetzen und also früher Schoten liefern, teils die Spitzen der Stängel nicht von Insekten überzogen werden ..."

Die Ernte

Geerntet werden Puffbohnen nicht in der Vollreife, sondern in der so genannten Milchreife. In diesem Zustand sind die Schoten noch grün und die Samen noch nicht vollständig ausgereift. Erntet man die Bohnen in der Vollreife, benötigen sie längere Kochzeiten und werden für den menschlichen Organismus schwerer verdaulich.

Bohnen als Gründünger

Ein wichtiger Vorteil der Großen Bohne ist ihre Gründüngungswirkung. Nach dem Abernten der Schoten werden die Pflanzen über dem Boden abgeschnitten. Die im Boden verbliebenen Wurzeln wirken als Gründünger, weil die Nährstoffe der Wurzeln nach dem Absterben der Pflanze von Mikroorganismen in Humus umgewandelt werden. Die dabei entstehenden Hohlräume füllen sich mit Luft und regen das Bodenleben an.
An den Wurzeln der Bohne bilden sich während ihres Wachstums kleine Knöllchen. Dabei handelt es sich um Bakterien, die mit den Pflanzen in Symbiose, also positiver Gemeinschaft, leben. Sie besitzen die Fähigkeit, den Stickstoff aus der Luft zu speichern und erhalten als Belohnung dafür die Assimilate der Pflanze. Nach dem Absterben der Pflanzen werden die besagten Knöllchen von anderen Bodenorganismen zu Pflanzennährstoffen umgewandelt. Solche Erscheinungen findet man bei allen Mitgliedern der Pflanzenfamilie der Schmetterlingsblütler, auch Leguminosen genannt.

DIE TOMATE

Richtig pflanzen

Die Tomate gehört zu unseren wichtigsten Gemüsearten. Ihr Wachstum und ihr Gedeihen kann schon in einem frühen Stadium ihres Lebens beschleunigt und verbessert werden. Der Schlüssel dazu liegt in der Anatomie der Pflanze: Tomaten haben unten am Stängel eine Zone, aus der nachträglich viele neue Wurzeln sprießen können. Im Topf vorgezogene Pflänzchen werden daher beim Auspflanzen ins Beet deutlich tiefer gesetzt, als sie vorher im Topf standen. Es wird dadurch der Stängelbereich zur Bewurzelung angeregt. Die Pflanzen können später mehr Wasser und Nährstoffe aufnehmen und entwickeln sich dementsprechend besser.

Tomaten gibt es in vielen Formen und Geschmacksrichtungen.

Der richtige Anbau

Für jeden Gärtner ist es eine wahre Freude, gesunde und kräftige Tomatenpflanzen zu haben. Eine Voraussetzung dafür ist natürlich der richtige Anbau.

Ich habe eine eigene, Erfolg versprechende Methode mit der Sorte ‘El Baro’ entwickelt: Die Tomaten wurden Anfang März 1999 an einem Fruchttag in Töpfe ausgesät. Zuvor erfolgte ein halbstündiges Samenbad mit Humofix. Nach dem Auspflanzen am 22.Mai habe ich die Pflanzen an allen Fruchttagen (Schütze, Widder, Löwe) regelmäßig zur Nachmittagszeit mit Baldrianblütentinktur eingesprüht. Dadurch konnte ich die Blütenbildung und damit den Fruchtansatz fördern. Das Gewebe und damit die Standfestigkeit der Tomaten wird durch eine Quarzbehandlung an Fruchttagen gefördert. Diese wurde ab Mitte August vom frühen Morgen in die Nachmittagsstunden verlegt, um die Ausreife und Schalenfestigkeit der Früchte zu erhöhen.

Blätter entfernen?

Häufig beobachte ich, dass viele Gärtner in der Zeit von August bis September die Blätter der Tomatenpflanzen abschneiden. Sie glauben, dass dadurch die Sonne die unreifen Früchte besser bescheinen kann und die Qualität der Früchte gesteigert wird.
Dem ist aber nicht so: Die Pflanze benötigt die grünen Blätter, um Sonnenenergie aufnehmen zu können. Diese Energie ist, wie wir schon gelesen haben, für jede Pflanze die Voraussetzung für die Bildung von Zucker, Stärke und Aromastoffen ist. Diese Inhaltsstoffe sind maßgeblich für den Geschmack und die Qualität einer guten Frucht. Entfernt man die Blätter, kann die Pflanze keine Sonnenenergie aufnehmen und keine Assimilate bilden. Man erhält nur notreife Früchte, die so schmecken, als seien die Tomaten im Schatten gewachsen.

Braunfäule vermeiden

Es gibt allerdings einen Grund, dennoch Blätter, und zwar im unteren Bereich, zu entfernen. Sie sind es, die nach Regengüssen am längsten nass bleiben und damit ein mögliches Risiko für die gefürchtete Braunfäule, eine Pilzkrankheit, darstellen. Sicher ist man durch diese Maßnahme nicht, da bei entsprechender Feuchte trotz aller Vorsicht dennoch die Braunfäule ausbrechen kann.

Tomaten werden an einem Fruchttag gesät.

Ein gutes Gegenmittel ist aber das Spritzpräparat aus Zwiebeln. Die in den Zwiebeln enthaltenen Schwefelverbindungen wirken Pilz tötend. Für die Herstellung werden ca. 20 g Zwiebelschalen, die man den Winter über in einem luftigen Jutesack aufbewahrt hat, mit einem Liter Wasser übergossen und ungefähr eine Woche lang zum Gären stehen gelassen. Das Gute an diesem einfachen wie wirkungsvollen Präparat ist, dass man jederzeit Zwiebelschalen und Wasser nachfüllen kann. So hat man ständig Spritzmittel verfügbar.

Richtig düngen

Es kommt häufig vor, dass Tomaten im September nicht mehr ganz ausreifen. Verursacht wird dies durch starke Düngergaben, die das vegetative Wachstum fördern. Das kann dem Ausreifen der Früchte schaden und Qualitätseinbußen zur Folge haben. Meine Erfahrungen haben gezeigt, dass es einzig mit einer gezielten Quarzbehandlung möglich ist, das schwächer werdende Sonnenlicht im September für die Tomaten nutzbar zu machen. In den Morgenstunden, wenn das Pflanzenwachstum noch aktiv und nach oben gerichtet ist, werden die Pflanzen mit dem Quarzpräparat fein besprüht. Ab etwa Mitte August empfehle ich, das Quarzpräparat in die späten Nachmittagsstunden, das ist die Zeit des Reifens, der Aromabildung und der Ausfärbung der

Früchte, zu legen. Wer diese Methode konsequent anwendet, wird nach Mitte September keine unreifen Früchte mehr an den Pflanzen finden. Zustimmung fand meine Praxis auch bei biologisch-dynamisch wirtschaftenden Obstbauern, die ich während eines meiner Seminare kennen lernte. Sie erzählten mir, dass sie mit meiner Arbeitsweise auch eine bessere Ausfärbung und Schalenfestigkeit beim Kernobst erzielen.

DIE MÖHRE

Der Anbau

Die Möhre ist ein sehr bescheidenes Gemüse und hat nur geringe Nährstoffansprüche an den Boden. Sie verträgt keine frisch gedüngten oder gekalkten Böden.
Man bezeichnet sie in der Landwirtschaft als „abtragende" Frucht, da sie problemlos und ohne Zugabe von

Dünger auf
Böden wächst, in denen
vorher ein anderes Gemüse stand.
Direkte Düngergaben steigern zwar zunächst den Ertrag, die Qualität und der Geschmack des Gemüses nehmen jedoch ab.
Generell sollten Möhren nur alle 4 bis 5 Jahre auf dem gleichen Beet stehen. Jedem Anbau gehen bodenvorbereitende Maßnahmen, wie z.B. das Lockern, voraus. Um das Saatbeet vor dem Austrocknen zu schützen, darf diese Arbeit nicht unmittelbar vor dem Aussaattermin geschehen. Am besten wird die Arbeit noch im vorangehenden Herbst erledigt. Gleichzeitig kann man den Boden aufkalken, um seine Krümeligkeit zu erhöhen. Statt Kalk kann man auch Urgesteinsmehl verwenden. Das fördert die Pflanzenentwicklung durch die darin enthaltenen Spurenelemente zusätzlich. Eine Handvoll pro Quadratmeter ist dafür völlig ausreichend.

Die Aussaat

Die Möhre wird, wie das meiste Gemüse, ausgesät. Das geschieht in Reihen, die ungefähr 25 cm weit auseinander liegen. Optimal ist es, die Reihen in Ost-West-Richtung anzulegen. Dadurch kann der Wind besser durch die Furchen wehen und hält die Möhrenfliege von einem möglichen Befall ab.
Ausgesät werden sollte bei Mondstand Jungfrau und zwar in einer Tiefe von 3 cm. In dieser Bodentiefe herrscht eine gleichmäßige Feuchtigkeit. Man verringert damit die Wahrscheinlichkeit, dass die Samen austrocknen und die Keimung behindert wird. Möhrensamen sind sehr fein und werden dadurch häufig zu dicht ausgesät. Man kommt nicht umhin, die Pflanzen später zu vereinzeln. Die beste Zeit dazu ist, wenn die Pflanzen eine Höhe von

etwa 5 bis 6 cm erreicht haben. Unterlässt man diesen Arbeitsschritt, bleiben die Möhren klein. Nach dem Vereinzeln müssen alle Löcher unbedingt wieder geschlossen werden. Ansonsten bietet man der Möhrenfliege eine gute Gelegenheit zur Eiablage.
Natürlich gibt es auch eine Möglichkeit, diesen Arbeitsgang zu umgehen. Das geschieht, indem man sich in den ruhigen Wintermonaten eigene Saatbänder fertigt. Dazu schneidet man eine gerade Anzahl von 3 bis 4 cm breiten Krepppapierstreifen zu. Die Hälfte der Streifen wird mit einem Mehlbrei dünn eingestrichen. Nun streut man die Samen auf das Papier. Einfallsreiche Gärtner verteilen Kräutersamen mit auf die Papierstreifen und erhalten automatisch eine Zwischenpflanzung. Nach dem Aussäen werden die restlichen Papierstreifen auf die bereits Bearbeiteten gelegt.
Durch den Mehlbrei verkleben die Streifen und ergeben zusammen mit dem Samen ein fertiges Saatband. Nach Fertigstellen rollt man sie zusammen und bewahrt sie bis zur Aussaatzeit trocken auf. Wenn das Frühjahr kommt, rollt man die Bänder in den vorbereiteten Reihen aus, gießt sie an und bedeckt sie mit Erde. Man spart sich somit die Arbeit des Vereinzelns und benötigt weniger Saatgut.
Von einer Möhrensaat im Dezember berichtet die Abtei Fulda. Wenn man diesen Termin wahrnehmen möchte, so muss man den Boden vor der Aussaat mit Tan-

Möhren und Porree schützen sich gegenseitig vor Fliegenfraß.

nenreisig oder ähnlichem Material frostfrei halten.
Nach meinen Erfahrungen ist die beste Zeit um Möhren zu säen, im Mai bei Mondstand Jungfrau. Schon 3 Tage nach Aussaat folgt der Vollmond. Er wirkt vitalisierend auf die Möhrensaat. Erkennbar ist es an der schnellen Keimung und am zügigen Wachstum der Pflanzen.

Hacken und Häufeln

Während ihrer Entwicklung wachsen Möhren mit dem Wurzelhals aus der Erde. Vergisst man das Anhäufeln, bietet man der Möhrenfliege gute Möglichkeiten zur Eiablage.
Alle Hack- und Häufelarbeiten sollten bei absteigendem Mond und stets in den Nachmittagsstunden getätigt werden. In dieser Zeit sind die Tageskräfte in den Wurzelbereich gerichtet und wirken sich positiv auf die Wurzelbildung aus. Ich stellte fest, dass sich Tage mit Mondstand Steinbock auch gut dafür eignen.

Die Ernte

Qualitätsbestimmend ist der Zuckergehalt der Möhre. Um ihn zu erhöhen, wenden wir das Quarzpräparat 4 bis 6 Wochen vor Ernte bei Mondstand Waage und Widder an. Geerntet werden Möhren nachmittags bei Mondstand Schütze. In dieser Zeit sind sie am saftigsten und bleiben lange frisch.

Im Feld werden Karotten kaum von der Möhrenfliege befallen.

Die Möhrenfliege bekämpfen

Die Möhre wird unter den Gärtnern oft als Problemkultur gesehen. Daran ist zum großen Teil die Möhrenfliege schuld. Diese kleine Fliege legt ihre Eier im Frühjahr in der Nähe der Möhren ab. Ihre Larven fressen Gänge in die unteren Bereiche der Möhren. Eine zweite Generation schlüpft im August und nagt an den Rübenkörpern der erntereifen Möhren.
Was kann man nun gegen diesen Schädling tun? Um die Möhrenfliege von vornherein vom Beet fern zu hal-

ten, sollte man wissen, dass sie durch den Geruch der Möhre angelockt wird. Gleiches gilt für frischen und unverrotteten Dünger. Eine einfache Gegenmaßnahme ist daher das Einlegen von zerriebenen Rainfarnblüten in die Saatrille.

Als beste Vorkultur kann ich guten Gewissens Porree nennen. Die im Boden verbleibenden Wurzeln haben sehr starke Duftausscheidungen, wodurch die Möhrenfliege vertrieben wird.

Auch als Nachbarpflanze leistet Porree diese guten Dienste. Ähnlich sieht es mit der Zwiebel aus.

Hinter dem Erfolg steckt das Prinzip der Vergesellschaftung verschiedener Pflanzen. So bringen Zwischenpflanzungen mit anderen Gemüsearten, wie z.B. Radieschen, Schwarzwurzeln, Rettich, Salat, Knoblauch, Spinat oder Würzkräutern, ähnliche Erfolge. Sie bilden eine Art Duftbarriere und halten die Fliege davon ab, ihre Eier in das Beet zu legen.

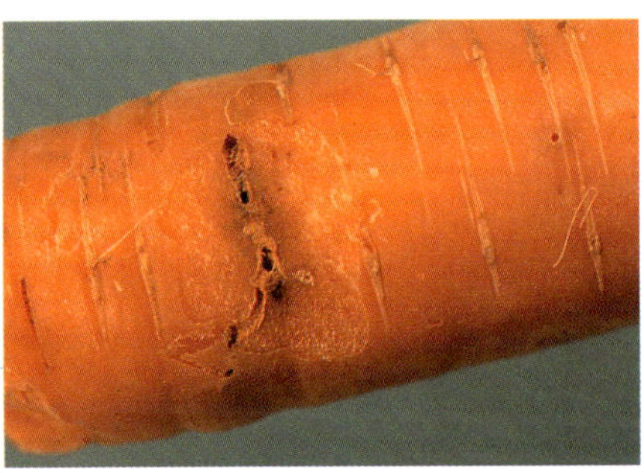

Schaden durch die Möhrenfliege

Das Prinzip der Zwischenpflanzungen aus Kräutern, Gemüse und Blumen hat man schon früh bei der Anlage von Bauerngärten angewandt. Hat sich trotz aller Maßnahmen die Fliege doch einmal in einem Beet breit gemacht, muss man alle befallenen oder verwurmten Möhren entfernen. Erkrankte Pflanzen gehören nicht auf dem Kompost. Ansonsten würden die Maden eine gute Gelegenheit bekommen, sich zu verpuppen und später als Möhrenfliege zurück auf die Beete zu kommen. Wenn man die Möglichkeit hat, sollte man die Reste in einem Ofen verbrennen oder mit dem Biomüll entsorgen.

Radies und Rettich

Radieschen und Rettich sind bei Erdflöhen sehr begehrt. Erdflöhe, das sind schwarze bis schwarz-gelb gestreifte Insekten, schädigen das Gemüse, indem sie Löcher in die Blätter fressen. Vor allem die Keimblätter junger Pflanzen werden gern vollständig abgefressen. Ähnliches kann man auch bei Kohl und Chinakohl feststellen. Nun stellt sich für jeden Gärtner die Frage, was man gegen diesen Schädling tun kann. Wie immer ist Vorbeugung besser als spätere Behandlung. Erdflöhe lieben trockene Böden. Wird der Boden feucht gehalten, löst sich das Problem von selbst. Weitere Maßnahmen sind z.B. das Mulchen des Bodens, Lockern und das Hacken der Bodenoberfläche, Stäuben mit Urgesteinsmehl oder eine Spritzung mit Rainfarnbrühe. Bewährt hat sich auch die Zwischenpflanzung von Salat.

Rote Kartoffeln sind in Vergessenheit geraten.

KARTOFFEL

Die Kartoffel ist einer der wichtigsten Bestandteile unseres Speiseplans. Um so wichtiger ist die Tatsache, dass sie aus gesundem Anbau stammen muss. Grundvoraussetzung für gesundes Wachstum ist der Humusgehalt, der Anteil organischer Substanz im Boden. Er ist für die Aktivierung des Bodenlebens und das Speichern von Nährstoffen zuständig.

Erwärmt sich der Boden im Laufe des Jahres, nimmt gleichzeitig das Bodenleben zu. Ist der Humusgehalt im Boden nur gering, ist ein Einarbeiten von Kompost notwendig. Zweckmäßig ist es, diese Maßnahme jährlich im zeitigen Frühjahr zu wiederholen.

Förderlich in der Kartoffelentwicklung wirkt ebenfalls das ASK-Quarzpräparat (Bezugsquelle siehe S. 118). Es sollte in den zeitigen Morgenstunden, am besten zwischen 6 und 7 Uhr, angewendet werden.

Die Reifephase wird durch eine zusätzliche Anwendung des Präparates in den Abendstunden, ca. 2 Stunden vor Sonnenuntergang, unterstützt. Zu dieser Zeit wird der zu Stärke umgewandelte Zucker in die Knollen eingelagert.

Kräuter

Vom Arzneifenchel werden die reifen Samen geerntet.

Es gibt keinen Landwirt, der sein Getreide düngt, wenn es schon blüht oder sich Ähren zeigen.
Aus dem ersten Kräftebereich, aus Erde und Humus, bezieht die Pflanze die notwendigen Nährstoffe, wie Stickstoff, Phosphor, Calcium, Kalium und Magnesium. Wie wir schon erfahren haben, wandelt die Pflanze in den Blättern mit Hilfe der Einwirkung von Sonnenlicht die anorganischen Stoffe in organische um.
In einer der ältesten Untersuchungen zur Photosynthese wurde das Gewichtsverhältnis der von der Pflanze durch den Boden aufgenommenen Stoffe mit den von der Pflanze gebildeten verglichen. Dabei stellte man fest, dass der größte Teil der Gewichtszunahme nicht durch die Aufnahme von Mineralien aus dem Boden, sondern die Bildung von irdischen Energieformen (die Kohlenstoffverbindungen) mit dem Sonnenlicht entstand. Bei diesem Vorgang entstehen auch die ätherischen Öle, Aromen und Heilsubstanzen der Kräuter. Es erklärt sich daher von selbst, weshalb beim Anbau von Würz- und Heilkräutern nicht die Kräfte aus dem Bereich Erde und Humus an erster Stelle stehen müssen.
Das entscheidende Merkmal für die Qualität ist das Sonnenwirken. Verstärkend auf den Licht- und Sonnenbereich wirkt die Anwendung des ASK-Quarzpräparates. Karger Boden, versetzt mit Spurennährelementen aus Urgesteinsmehl, ist eine gute Grundlage für Kräuter mit hohen Wirkstoffgehalten. Einen idealen Platz haben sie auch im Steingarten. Dort finden sie genügend Sonne und den richtigen Boden, um hohe Wirkstoffgehalte bilden zu können. Vor allem kleinere Kräuter wie Salbei, Thymian, Ysop und ausdauerndes Bohnenkraut eignen

sich hervorragend für diesen Pflanzplatz.

MIT JAUCHE DÜNGEN

Pflanzenjauche aus Kräutern, vornehmlich solche aus Brennnessel, hat eine gute Düngewirkung. Ökologisch wirtschaftende Bauern verwenden sie im naturgemäßen Pflanzenbau. In einem wirklich einfachen Verfahren kann man diesen wirksamen Flüssigdünger zusammenmischen.

Die Herstellung

Ein Fass wird zu einem Drittel mit Brennnesselkraut gefüllt. Wichtig ist, dass man Pflanzen verwendet, die noch nicht geblüht haben. Anschließend gießt man Wasser in das Fass und deckt es ab. Durch das Abdecken verhindert man, dass Vögel und andere Kleintiere hineinfallen. Möchte man den Gärprozess beschleunigen, verwendet man statt kaltem warmes Wasser.

Wenn man statt Kunststofffässern Holzfässer nimmt, läuft die Gärung schneller ab.
Tägliches starkes Umrühren ist für den Sauerstoffeintrag unbedingt notwendig. Nach wenigen Tagen fängt es an, typisch landwirtschaftlich zu riechen. Der Geruch entsteht durch den Zerfall von pflanzlichen Eiweißen im Gärprozess. Vermeiden kann man die Geruchsbildung, wenn man am Anfang einige Handvoll Urgesteinsmehl einmischt. Eine Mischung aus Baldrianblütentinktur und Wasser im Verhältnis 1:500 oder Schachtelhalmtinktur verrichtet ähnliche Dienste bei der Geruchsbekämpfung. Die Zusätze haben außerdem den Vorteil, dass sie den Düngeeffekt erhöhen.

Die Anwendung

Je nach Temperatur ist die pflanzliche Düngelösung nach 10 bis 12 Tagen Gärzeit verwendbar. Bevor man jedoch damit zu düngen beginnen kann, ist es nötig, die Lösung mit Wasser im Verhältnis 1:10 bzw. 1:20 zu verdünnen. Der Flüssigdünger wird anschließend im Wurzelbereich ausgebracht. Sollten Blätter ge-

Kräuterjauche aus Brennnesseln hat eine gute Düngerwirkung.

troffen werden, ist es ratsam, diese mit Wasser abzubrausen. Vier Wochen vor der Ernte ist die Düngung einzustellen. So halten wir den Nitratgehalt im Gemüse niedrig.
Mit dieser einfachen Methode können wir unser Gemüse naturgemäß anbauen und schonen gleichzeitig unseren Geldbeutel.

SCHNECKENBEKÄMPFUNG

Jeder kennt die Bierfallen, die der Schneckenbekämpfung dienen. Ihre Wirkung ist unumstritten gut. Dennoch haben sie einen Nachteil: Nach wenigen Tagen verliert das Bier sein Aroma und damit die Lockwirkung auf die Schnecken. Besser als Bier ist Krautjauche. Sie gärt weiter und lockt auch noch nach Tagen Schnecken an.

DIE BESTE ERNTEZEIT

Die Substanzbildung in der Pflanze erfolgt nicht kontinuierlich. Aus diesem Grunde kann nicht zu jeder Tageszeit geerntet werden. Generell sollte man Würz- und Heilkräuter kurz vor der Blüte ernten.
Die Bildung der Wirkstoffe in der Pflanze ist darüber hinaus von einem bestimmten Tageszyklus abhängig. In den Vormittagsstunden durchläuft die Pflanze einen Aufnahmeprozess. Diesem folgt ein Umwandlungsprozess, der in der Regel in den Nachmittagsstunden geschieht. Später am Nachmittag folgt die Speicherung der Assimilate in den entsprechenden Pflanzenteilen. Dieser Zyklus begründet auch die Tatsache, dass Erntegut, welches nachmittags geerntet wurde, länger frisch bleibt. Befinden sich die Wirkstoffe einer Heilpflanze im Wurzelbereich, z.B. bei der Baldrianwurzel, dann ist die beste Erntezeit der späte Abend.
Bei den Lumbiindianern, einem Kräuter und Beeren sammelnden Volk, das ich einmal während einer Nordameri-

Die Kräuterernte erfolgt nachmittags.

kareise traf, fand ich die Bestätigung meiner Aussage. Ich musste feststellen, dass man von diesen naturverbundenen Völkern viel erlernen kann. An dieser Stelle noch ein wichtiger Hinweis: Nach dem Ernten sind die Blätter sehr empfindlich und dürfen nur kurz mit Wasser überbraust werden. Viele der Wirkstoffe und Vitamine sind wasserlöslich und würden bei übermäßiger Reinigung verloren gehen.

Die Haare der Brennnessel enthalten Ameisensäure.

DIE BRENNNESSEL

Unter dem Begriff Kräuter versteht man meist die allgemein bekannten Aromapflanzen, wie z.B. Petersilie, Thymian oder Majoran. Nennt man in dem Zusammenhang die Brennnessel, so denkt jeder an ein Unkraut, das schmerzvolle Hautreizungen hervorrufen kann. Einseitig betrachtet stimmt das auch, denn mit ihrem unbändigen Wuchs und ihrer Zähigkeit hat sie so manchen Kleingärtner schon verzweifeln lassen. Abmähen, Abhacken oder andere Bekämpfungsmaßnahmen scheinen die Regenerationskraft der Brennnessel nur zu verstärken. Man findet sie in der Landschaft überall. Ob in Gärten, dem Ödland, im Schatten oder in der Sonne. Es scheint so, als ob nichts vor ihr sicher wäre.

Die Brennnessel – ein Nahrungsmittel?

Die Brennnessel ist jedoch mehr als nur Unkraut. Alten Leuten ist noch bekannt, dass in schlechten Zeiten, wie z.B. nach dem Krieg, die Brennnessel als Spinat, Tee oder Suppe verarbeitet wurde. In vielen Kräuterbüchern wird sie nicht umsonst für ihre hohe Vitalkraft gelobt. Sie enthalten lange Listen mit Zusammenstellungen über Wirkstoffe, Vitamine und Mineralien und belegen damit die gesunden Eigenschaften des Krautes.
Brennnesseln schmecken ähnlich wie Spinat, besitzen jedoch nicht den hohen Säuregehalt. Kocht man das Kraut, verflüchtigt sich die giftige Ameisensäure und man braucht die Brennwirkung nicht mehr zu fürchten.

Dill hat ein feines Aroma, das gut zu Gurken und Fisch passt.

Brennnessel im Pflanzenschutz

Aus Brennnesseln lässt sich ein Mittel zur biologischen Schädlingsbekämpfung herstellen. Dafür setzt man 1 kg Brennnesseln mit 10 l Wasser an und lässt es 18 bis 24 Stunden ziehen. Während dieser Zeit geht die Ameisensäure in das Wasser über und es entsteht dabei eine „beißende Brühe“. Danach wird alles durch ein Tuch geseiht. Mit der unverdünnten Lösung spritzt man die befallenen Pflanzen tropfnass. Am besten geschieht das morgens, abends und am darauf folgenden Morgen. An den Blättern und Stängeln wird man alsbald eingetrocknete Läuse feststellen können. Die Wirkung kann man auf den hohen Gehalt an Ameisensäure zurückführen. Verstärkend wirkt ein Zusatz von Wermut, Knoblauch oder Thymian. Länger als zwei bis drei Tage ist die Brühe aber nicht wirksam, da sie recht schnell anfängt zu gären und dabei die wirksame Säure verloren geht.

Brennnesselbrühe ist nicht nur gut zur Läusebekämpfung. Sie ist ein universelles Stärkungsmittel für alle Pflanzen. Auf den Kompost gegeben, unterstützt sie darüber hinaus den pflanzlichen Rotteprozess. Selbst Kräuteraufgüsse dienen der Düngung und Stabilisierung von Jungpflanzen.

DILL

Wer mag nicht das aromatische Würzkraut, das Salate, Gurken und Kartoffelgerichte verfeinert? Dill bietet neben seiner Verwendung als Küchenkraut noch viele Vorteile: Er stellt keine großen Ansprüche an den Boden oder den Gärtner. Er fördert die Keimung von benachbarten Gemüseaussaaten, verträgt sich im Allgemeinen mit allen Nachbarpflanzen und schafft eine Art „Duftbarriere“, die Insekten meiden. Im Fachhandel gibt es eine Reihe von Aromapräparaten, die auf pflanzliche Duftwirkungen aufbauen. Wie man im Tipp zu den Möhren lesen kann, eignet sich das Würzkraut für eine Zwischenpflanzung. Hier hält sein starker Geruch Schadinsekten fern.

RHABARBER

Der Sud des Rhabarbers ist ein gutes Insektizid gegen schwarze Läuse bei Kirschen und Bohnen. Sie vertragen die im Rhabarber enthaltene Oxalsäure nicht. Für die Herstellung des Suds zerkleinert man 30 g des Krautes und übergießt es mit einem Liter kochendem Wasser. Mit diesem Tee werden die befallenen Pflanzen unverdünnt gespritzt.

PETERSILIE

Häufig hört man über Probleme mit kränkelnder Petersilie. In der Regel liegt das an kleinen Schaderregern, die im Boden leben. Es handelt sich hierbei um Fadenwürmer, auch als Nematoden bekannt, die den Wurzelbereich der Pflanzen angreifen und schädigen. Man bemerkt das am Gelbwerden der Blätter und einem kümmerlichen Wuchs. Abhilfe schafft eine Zwischenpflanzung aus Tagetes. Der starke Geruch, so scheint es, vertreibt die Schaderreger. Petersilie hingegen erwies sich als Mittel gegen Schnecken. Ich pflanzte sie neben meine Erdbeeren und konnte mich nicht mehr über angefressene Früchte beschweren.

Der Anbau

Petersilie kann schon im zeitigen Frühjahr ausgesät werden. Verschiebt man den Aussaattermin in den Frühsommer, Juni bis Juli, entwickelt sie sich viel besser. Die unterschiedliche Pflanzenentwicklung kommt durch den erwärmten Boden zustande.

Die Ernte

Petersilie kann mehrfach im Jahr geschnitten werden. Nach jedem Schnitt treibt sie immer wieder aufs Neue aus.

Partner im Beet: Petersilie und Tagetes schützen sich gegenseitig vor Schneckenfraß und Nematodenbefall.

Obst- und Ziergehölze

DER GEHÖLZSCHNITT

Die Grundregeln des Gehölzschnitts kann man heute in Kursen der Obst- und Gartenbauvereine erlernen. An dieser Stelle möchte ich Gesichtspunkte aufgreifen, die in Kursen kaum besprochen werden und daher oft keine Beachtung finden.

Schlafende Augen

Der Winterschnitt der Bäume sollte vorrangig bei frostfreiem Wetter in der Zeit von Januar bis Februar durchgeführt werden. Befindet sich der Baum im ertragsfähigen Alter, so ist es das Beste, ihn in den Nachmittagsstunden, in der Zeit des absteigenden Mondes, (Mondlauf von Zwilling bis Schütze) zu schneiden. Man verhindert dadurch schnittbedingte Blutungen des Baumes. Durch Schnittmaßnahmen in der Zeit des aufsteigenden Mondes, im Mondlauf vom Schützen bis zum Zwilling, regt man schlafende Augen zum Austreiben an.

Bei schlafenden Augen handelt es sich im Prinzip um ruhende Knospen, die dann austreiben, wenn von außen ein Reizsignal, wie z.B. Astbruch oder Schnitt, kommt.

Richtig auslichten

Fehlendes Laub macht es in der Winterzeit besonders einfach, falsch wachsende Zweige zu erkennen. Zu diesen zählen alle steil nach oben stehenden, alle sich kreuzenden, nach innen und parallel wachsenden Äste. Entfernt man diese, erhält man eine lichte Baumkrone, durch die im Sommer mehr Licht an die inneren Blätter gelangt. Die Früchte färben dadurch besser aus und die Bäume leiden weniger unter Pilzbefall. Besonders Rußtaupilze finden in zu dichten Kronen ein optimales Klima, da die Blätter und Früchte nur langsam abtrocknen.

Winterschnitt erfolgt bei frostfreiem Wetter.

Wie oft schneiden?

Werden Bäume jedes Jahr geschnitten, so ist das für mich die falsche Einstellung zum Gehölz. Grundlegend empfehle ich, den Schnitt auf das Nötigste zu beschränken. Umfangreiche Schnittmaßnahmen führen nur zu einer Förderung des vegetativen Wachstums. Dadurch werden die Blütenansätze und damit die Fruchtbildungen verringert.

Den Schnitt anpassen

Vor jeder Schnittmaßnahme steht die Beurteilung der Blütensituation des Baumes. Sind nur wenig Blüten vorhanden, ist das Schneiden zu vermeiden bzw. nur im verringerten Umfang durchzuführen.
Sind an den Zweigen außer Triebknospen keine weiteren Blütenansätze erkennbar, fördert das Schneiden nur weiteres Triebwachstum. Ähnlich sieht es beim Schnitt von stark wachsenden Apfelsorten wie 'Boskoop' und 'Gloster' aus. Sie sollten nur ausgelichtet werden. Besser geeignet ist in diesen Fällen das Herunterbinden von Zweigen mit Gewichten oder Spreizen durch passend geschnittene Hölzer. Man sollte darauf achten, dass die Zweige nicht in waagerechte Lage kommen, da sonst die Schosserbildung, das ist die Bildung von steil nach oben wachsenden Trieben, gefördert wird.

Kranke und abstehende Äste müssen regelmäßig ausgelichtet werden.

Schwach wachsende Sorten erfordern überhaupt keinen intensiven Schnitt. Stellt man bei der Kontrolle im Frühjahr an den Bäumen viele Blütenknospen fest, ist es zweckmäßig, diese etwas zu reduzieren.

PFIRSICHBÄUME SCHNEIDEN

Pfirsichbäume tragen an einjährigen Trieben und sollten regelmäßig kurz nach der Blüte geschnitten werden. Unterbleibt der Schnitt, dann verkahlen die Astpartien und der Baum fängt schon nach wenigen Jahren an zu vergreisen. Es ist daher zu empfehlen, so zu schneiden, dass an jedem stärkeren Zweig nicht mehr als drei Früchte, bzw. befruchtete Blüten belassen werden. Die verbliebenen Blüten sollten einen Abstand von 8 bis 10 cm voneinander haben, so können sich die Früchte auch gut entwickeln. Man sollte dann schneiden, wenn zu erkennen ist, welche Blüten befruchtet sind. So haben die Bienen auch noch ihre Blütentracht als Futterquellen.

DIE BAUMGESUNDHEIT STEIGERN

Sind am Baumstamm Wunden vorhanden, ist schnelles Handeln nötig. Die Abtei Fulda berichtet über die Behandlung kranker Obstbäume mit Humofixwasser, einem biologisch-dynamischen Präparat zur Aktivierung der Pflanzenkräfte: „Ein kranker Obstbaum hatte eine schlimme Wunde am Stamm von 20 cm. Der Stamm wurde täglich mit Humofixwasser angestrichen. Daraufhin heilte die Wunde und der Baum trug wieder Früchte." In meiner Praxis habe ich auch erfahren, dass Humofixwasser das Dickenwachstum junger Bäumchen beschleunigt, wenn man mit diesem Präparat den Stamm einstreicht.

Flechten vertreiben

Zur Bekämpfung von Flechten auf der Baumrinde kann Humofix ebenfalls eingesetzt werden.

Sie treten auf, nachdem sich Algen und Moos auf der Rinde angesiedelt haben. Flechten halten die Rinde feucht und sind u.a. die Brutstätten für Pilze wie Rindenschorf (eine Sonderform des Apfelschorfs). Von Flechten befallene Bereiche müssen daher entfernt werden.

Weniger ist mehr: beim Pfirsichschnitt sollten an jedem stärkeren Ast nur 2 bis 3 Früchte hängen.

Ich empfehle, befallene Borkenstücke und Flechten mit einem Rindenkratzer zu entfernen und anschließend zu verbrennen oder mit dem Biomüll (nicht auf dem Komposthaufen!) zu entsorgen. Nun muss der gesamte Baum mit einem heilenden Baumanstrich versehen werden.
Dazu benötigt man 4 Teile Lehm und 6 Teile Wasser. Beide Substanzen werden verrührt und mit Humofix versetzt. Auf 10 Liter Brühe rechnet man 1/4 Liter Humofix. Diese Mixtur lässt man einen Tag zum Quellen stehen. Vor dem Gebrauch des Anstrichs wird alles noch einmal gründlich verrührt. Das Mittel wird bei frostfreiem und trockenem Wetter aufgebracht. Man bestreicht den Stamm und alle Äste mit einem breiten Pinsel so weit, wie man reichen kann. Schwer zugängliche Bereiche müssen mit einer Spritze behandelt werden. Dazu wird eine Kalkdüse, wie sie in vielen Gartenfachgeschäften angeboten wird, verwendet. Um die Brühe spritzen zu können, muss sie zunächst mit Wasser verdünnt werden. Fügt man statt Wasser Wermuttee zu der Lösung, verhindert man zusätzlich den Knospenfraß durch Vögel. Wiederholt man diese Behandlung jährlich einmal, bilden sich keine Algen und Flechten mehr.

Vor dem Pilzbefall tauchen Algen an der Rinde auf ...

... dann folgen Flechten, die abgerieben werden müssen.

GRIESIGE BIRNEN

Wir ärgern uns alle darüber, wenn unsere Birnen griesig sind und nicht gut schmecken. Dem Problem kann man aber auf einfache Art und Weise Abhilfe schaffen. Mit einem Stock sticht man Löcher in den Boden unterhalb der Krone. Anschließend wird ein Gemisch aus einem Teil reifem Kompost, zwei Teilen Urgesteinsmehl und einem Teil Lavagranulat hergestellt. Diese Mischung wird mit Humofixwasser zu einem Brei verrührt, der in die vorgestochenen Löcher gefüllt wird. Der beste Zeitpunkt für diese Maßnahme ist von November bis März.

ROSEN

In den Jahren 1984/85/86 habe ich in einem Versuch die Wirkung des Quarzpräparates auf die Frosthärte einiger verschiedener Pflanzen untersucht. Bemerkenswertes stellte ich an Rosen fest.
Ich behandelte sie mit dem Quarzpräparat an drei aufeinander folgenden Tagen im September, jeweils bei Mondstand Jungfrau. Die Behandlung erfolgte immer in den Nachmittagsstunden. Meine Untersuchungen ergaben, dass die Rosen den wochenlangen Frost, mit bis zu – 18°C, ohne Schaden überstanden haben.

Schnittrosen und Rosenschnitt

Neben dem optischen Zierwert der Rosen ist eine weitere schöne Eigenschaft der unverkennbare Duft. Möchte man Rosen zum Verschenken oder für die Blumenvase ernten, empfehle ich den Schnitt bei Mondstand Widder oder Zwilling. Der Duft wird dadurch verbessert. Schnitte im März sollte man unbedingt vermeiden. Spätfröste, die zu dieser Zeit noch auftreten können, sind äußerst schädlich für junge Neutriebe und geschädigte Pflanzen erholen sich meist nur sehr langsam.

Der Duft von Rosen ist bei Mondstand Widder oder Zwillinge am besten.

Rosen düngen

Rosen benötigen, um gut gedeihen zu können, einen guten Boden. Ich habe eine eigene Düngetechnik entwickelt, die ich gerne weitergeben möchte. Zunächst wird eine Mischung aus einem Teil organischen Volldünger und fünf Teilen Urgesteinsmehl hergestellt. Von dieser Mischung wird pro Quadratmeter ungefähr eine Handvoll

ausgebracht und flach eingearbeitet. Ein anschließendes Mulchen der Fläche ist ratsam, um die Bodenfeuchtigkeit zu erhalten und das Bodenleben anzuregen. Der richtige Zeitpunkt für diese Maßnahme ist der Spätherbst bzw. das zeitige Frühjahr.

Düngekompost

Gesundes Gemüse wächst am besten, wenn man es mit Kompost düngt. Wenig falsch machen kann man, wenn man bei der Rosendüngung 2 bis 3 Schaufeln Kompost pro Quadratmeter in das Rosenbeet einmischt.
Zum flachen Einarbeiten eignet sich ein Kultivator, weil er den Mist nur oberflächlich einmischt. Wurde in einen Boden jahrelang nichts eingearbeitet, ist es vorteilhaft, die Kompostgabe zu verdoppeln.

RATIONELLER HECKENSCHNITT

Die Bewegungen von Mond und Sonne sind die eigentlichen Ursachen für das Pulsieren des Saftstroms in den Pflanzen. Dieses Wissen kann man sich für den Heckenschnitt zu Nutze machen. Im Sonnenstand von Widder und Stier, der Zeit von April bis Mai, ist in der Pflanzenwelt die stärkste vegetative Entwicklung zu beobachten. Ähnliches erleben wir bei der Mondstellung im Tierkreisbild Schütze, kurz nach der Wende von absteigendem zu aufsteigendem Mond. Schneidet man zu dieser Zeit Hecken, Bäume oder Sträucher, kann man nach meinen Beobachtungen mit einem verstärkten Neutrieb rechnen. Es ist daher unumgänglich, den Schnitt kurze Zeit später zu wiederholen.
Die beste Zeit für den Schnitt ist, nachdem die Sonne ihre Kraft verloren hat (nach Johanni) und man den folgenden Neumond abwartet. Von Vorteil ist es auch, das Schneiden auf die Nachmittagsstunden zu legen.

PFLANZENSCHUTZ

NÜTZLINGE IM OBSTANBAU

Die chemiefreie Läusebekämpfung stellt sich bei Obstgehölzen als ein schwieriges Unterfangen heraus.
In einem Versuch habe ich den Ohrwurm als biologisches Mittel gegen Läuse eingesetzt und bemerkenswerte Ergebnisse damit erzielt.
Nachdem ich Kirschenwildlinge veredelt hatte, hing ich sofort mehrere Behausungen für Ohrwürmer in die Bäume. Dazu nahm ich Tontöpfe, deren Inhalt aus Holzwolle bestand, die ich mit einem Draht befestigte und anschließend in den Kronen aufhängte. Schon nach kurzer Zeit war festzustellen, dass die Bäumchen von Läusen verschont blieben. Ganz anders sah es bei den benachbarten Birnenveredelungen aus. Kurzerhand beschloss ich, die Tontöpfe von den Kirsch- in die Birnbäume umzuhängen. Das Umhängen musste sehr vorsichtig geschehen, da die Ohrwürmer bei der kleinsten Erschütterung aus den Töpfen fallen können. Täglich beobachtete ich die Lage der Birnbäume. Zu meiner Freude waren schon nach einer Woche keine Läuse mehr erkennbar.
Ohrwürmer sind nachtaktive Insekten, die sich tagsüber in ihre Behausungen

Brutstätte für Ohrwürmer

Mehltau an Stachelbeere muss ausgeschnitten werden.

zurückziehen müssen, um nicht selber von Meisen verspeist zu werden. Meine Erfahrungen lehrten mich, die Behausungen als mobile Läusepolizei zu verwenden.

MEHLTAU AN STACHELBEERE

Stachelbeermehltau stellt so manchen Gärtner vor das Problem, wie er diesen Pilz ohne chemische Mittel wieder los wird. Auch in diesem Fall ist die Vorbeugung besser als die Behandlung. Spritzt man im Frühjahr regelmäßig mit Schachtelhalmtee, siedelt sich der Pilz nur noch selten an.
Auch das Auslichten der Kronen kann Erfolg bringend sein. Durch die Schnittmaßnahme kommt eine bessere Durchlüftung zu Stande und die Blätter der inneren Kronenbereiche trocknen schneller ab. Zeigt sich trotz aller Vorbeugung ein weißlicher Belag auf den Blättern, so müssen die befallenen Triebspitzen entfernt werden. Am besten entsorgt man sie, indem man sie verbrennt und die Asche unter dem Strauch ausbringt. Auf keinen Fall dürfen sie auf dem Kompost landen.
Die Sporenlager der Mehltaupilze werden an dieser Stelle nicht vernichtet, sondern können für verstärkten Pilzbefall im nächsten Jahr sorgen.

Der Moniliapilz befällt Stein- und Kernobst (hier Äpfel).

MONILIA AN SAUERKIRSCHEN

Monilia (Spitzendürre) ist eine gefährliche Pilzkrankheit an Obst. Bei Regen während der Blüte können die Sporen des Monilia-Pilzes auskeimen und in den Fruchtknoten gelangen. Dieser wird zerstört. Die Pilzfäden wachsen anschließend im absteigenden Saftstrom der Zweige weiter. Der ganze Zweig kann dann in kurzer Zeit absterben.

Die Bekämpfung

Als wirksames Mittel gegen Spitzendürre (Monilia) bei Sauerkirschen gilt Meerrettich. Der natürliche Schwefelgehalt der Wurzel lässt die Pilze absterben.
Meerrettich wirkt auf zweierlei Art: Zum einen kann man ihn vorbeugend

unter Kirschbäumen pflanzen und verwildern lassen. Zum anderen lässt sich aus den Wurzeln ein Spritzpräparat produzieren.
Man nimmt dafür 40 Gramm zerquetschte Meerrettichwurzel für 10 Liter Wasser. Die Wurzeln werden mit dem kochenden Wasser übergossen und nach dem Erkalten durch ein Tuch gegeben.
Das Präparat wird immer direkt in die Blüte gesprüht. Es ist wichtig, das Mittel am Nachmittag bei absteigendem Saftstrom anzuwenden. Versäumt man dies, kann man mit Pilzbefall rechnen.

RUNDKNOSPENKRANKHEIT

Die Rundknospenkrankheit bei Schwarzen Johannisbeeren entsteht durch Milbenbefall. Man erkennt den Befall an der Veränderung der Knospen. Die Knospen sind normalerweise länglich bis spitz geformt, während die von Milben befallenen Knospen ein rundliches Aussehen haben.
Es sind winzig kleine Milben, die mit dem Auge oder einer normalen Lupe nicht zu erkennen sind. Weil sie in der Knospe leben, sind sie mit keinem Mittel zu bekämpfen. Die Rundknospen müssen noch vor dem Neuaustrieb ausgebrochen und gesammelt werden. Auf keinen Fall dürfen diese Knospen unter dem Strauch liegen bleiben, sondern müssen verbrannt werden.

Milben bekämpfen

Die Milben verlassen die Knospen im zeitigen Frühjahr. Das ist der geeignete Termin für deren Bekämpfung, denn dann sind sie nicht mehr von der Knospe geschützt. Gespritzt wird im biologisch-dynamischen Anbau mit einer Pulvermischung aus gleichen Teilen Netzschwefel, Algenkalk und Bentonit. Es ist die so genannte NAB-Mi-

Hinter den Rundknospen stecken überwinternde Milben.

Schachtelhalmkraut enthält viel lösliches Silizium.

schung: 100 Gramm des gemischten Pulvers werden in 10 Liter Wasser eingerührt. Da Bentonit hochquellfähig ist, muss alles gut verrührt werden. Die Sträucher werden damit tropfnass gespritzt. Diese Spritzung müssen wir in Abständen von 10 Tagen wiederholen. Nach starkem Befall verkahlen die Zweige und sollten dann auch stark zurückgeschnitten werden, bis etwa 30 cm über dem Boden. Regelmäßiges Mulchen wirkt sich ebenso hilfreich aus.

SCHACHTELHALMBRÜHE

Die pflanzenstärkende Wirkung von Schachtelhalm ist seit Jahrhunderten bekannt. Nicht selten wird Schachtelhalm als Vorbeugungsmittel gegen Pilze verwendet. Man sollte jedoch wissen, dass es sich bei diesem Kraut um kein Fungizid (Pilzbekämpfungsmittel) handelt. Vielmehr werden die Blätter durch Kieselsäure, einem wichtigen Wirkstoff des Schachtelhalms, gehärtet. Wassertropfen, u.a. gefährliche Infektionsherde für Pilze, können sich nicht mehr auf den Blattflächen halten und tropfen ab. Dadurch trocknen die Blätter schneller ab und das Befallsrisiko sinkt.

Die Herstellung

Im Laufe des Jahres verändert sich der Gehalt der Kieselsäure im Schachtelhalm. Der beste Zeitpunkt für die Ernte ist ab August. Das Sammelgut wird getrocknet und in luftigen Jutesäcke gepackt. Im darauf folgenden Frühjahr werden 30 g des Krautes mit einem Liter Wasser angesetzt und ca. eine Stunde auf kleiner Flamme gekocht. Nach dem Erkalten wird die Lösung durch ein Sieb gegossen und mit Wasser im Verhältnis 1:10 verdünnt. Fertig ist unser Spritzmittel. Wir sprühen alle Blätter einschließlich der Blattunterseiten ein. Um die Wirkung zu erhöhen, muss die Behandlung regelmäßig durchgeführt werden.

Extrakt aus Baldrianblüten regt das Blühen an.

BALDRIANBLÜTENEXTRAKT

Kaum ein Blütensaft besitzt so viele positive Wirkungen und ist so vielfältig im Garten einsetzbar, wie Baldrianblütenextrakt.

Die Herstellung

Den Blütenextrakt kann man auf einfache Weise selber herstellen.
Zuerst einmal muss der Baldrian angebaut werden. Man sät ihn im zeitigen Frühjahr in kalte Kästen aus. Baldriansamen benötigen Licht zum Keimen. Die Saat wird daher vorsichtig angedrückt und nicht mit Erde bedeckt. Achten sollte man auf gleichmäßige Bodenfeuchtigkeit, damit die Samen nicht austrocknen.
Baldrianpflanzen werden über 1 Meter groß. Beim späteren Auspflanzen ist aus diesem Grund ein weiter Pflanzabstand zu berücksichtigen. Je nach Witterung erscheinen im Juni oder Juli die Blüten. Geerntet werden sie zur Mittagszeit und ohne Blätter. Blütentage im aufsteigenden Mond, Tage mit Mondstand Wassermann und Zwilling, haben sich als besonders geeignet für die Ernte erwiesen. Anschließend werden die Blüten leicht angefeuchtet und durch einen Fleischwolf gedreht. Der entstandene Brei wird fest ausgepresst und man erhält den begehrten Blütenextrakt. Nun muss es nur noch in kleine Flaschen abgefüllt und verschlossen werden.
Wer die Mühe scheut, kann den Baldrianblütenextrakt auch in vielen guten Gartenfachgeschäften erwerben.

Blütenbildung fördern

Um die Blütenbildung von Zier- und Nutzpflanzen zu fördern, wird der Extrakt 1:1000 verdünnt und anschließend ca. 10 Minuten intensiv verrührt. Aus der Mischung entsteht ein fertiges Spritzpräparat, mit dem nachmittags die ganze Pflanze eingesprüht werden kann. Diese Behandlungsmethode funktioniert nach meinen Erfahrungen bei vielen unterschiedlichen Pflanzen, darunter Obstbäume, Tomaten, Erdbeeren, Gurken, Blumen, Zimmerpflanzen und sogar Orchideen sehr gut.

Keimung fördern

Setzt man Baldrianblütenextrakt zur Förderung der Keimfähigkeit von Samen ein, kann man ebenfalls bemerkenswerte Eigenschaften feststellen. Dazu verwendet man eine Schale mit lauwarmem Wasser, fügt 2 Tropfen des Blütenextraktes zu und verrührt den Inhalt. Anschließend legt man die Samen in die Lösung und lässt sie quellen. Nach etwa einer halben Stunde legt man die vorgequollenen Samen auf saugfähiges Papier und lässt sie trocknen. Tomaten, Möhren, Chicoree, Spinat oder Sellerie reagieren auf ein Samenbad mit einer sehr schnellen Keimung.

Keimlinge sprießen schneller durch Baldrianblütenextrakt.

Kompostierung unterstützen

Eine weitere Verwendung von Baldrianblütenextrakt ist die als Kompostiermittel. Nachdem der Kompost fertig aufgesetzt ist, wird er mit einem Gemisch aus 10 ml Extrakt und 10 l Wasser überbraust. Nach erfolgreicher Behandlung stellt man im Kompost einen höheren Besatz mit Regenwürmern fest.

Baldrian als Frostschutzmittel

Gutes hört man auch von der Schutzwirkung des Baldrian vor Spätfrostschäden. Spätfröste treten häufig während der Obstbaumblüte in den Monaten April und Mai auf. Erfrorene Blüten und Ertragsausfälle sind dann die Folge. Sind Nachfröste angekündigt, ist es ratsam, die Bäume mit dem Extrakt aus Baldrianblüten mittels einer feinen Düse einzusprühen. Durch die Spritzung sind die Obstbaumblüten bis -4°C geschützt.

AMEISEN

Hat man Ameisen im Garten und möchte sie nicht bekämpfen sondern nur vertreiben, kann man an dieser Stelle z.B. Thymian, Lavendel oder Majoranpflanzen einsetzen. Ameisen mögen den Geruch dieser Kräuter nicht und suchen das Weite.

Bezugsquellen und Literatur

Adressen und Bezugsquellen

Abtei Fulda
Postfach 126
36001 Fulda
Humofix, Gartenzeitschrift „Winke“

AUC Agrar- und Umwelt-Consult GmbH
Augusta Str. 9
53173 Bonn
ASK-Quarz Präparat, Solvita-Bodenlebetest

EMIKO Gesellschaft für Umwelttechnologie mbH
Geschwister-Burch-Str. 9
53881 Euskirchen
Effektive Mikroorganismen zur Aktivierung von Boden und Kompost

Forschungsring für biologisch-dynamische Wirtschaftweise e.V.
Brandschneise 2
64295 Darmstadt
Biologisch-dynamische Feld- und Kompostpräparate

Bach Dünger GmbH
Salzstraße 178
74076 Heilbronn
Organische Dünger, Komposttarter

Oscorna Dünger GmbH & Co.
Erbacher Straße 41
89032 Ulm
Organische Dünger, Kompoststarter, Baldrian-Blütenpräparate, Schachtelhalmpräparat

Literatur

Sternenkalender (erscheint jährlich)
Philosophisch-Anthroposophischer Verlag am Goetheanum
Postfach 134
CH-4143 Dornach

Biologischer Nutzgarten mit Mond und Planeten mit den täglichen Arbeitsdaten
(erscheint jährlich)
Eigenverlag
Norbert Kaschel
Epfenbacher Berg 2
74933 Neidenstein

Register

Mit 90 Farbfotos von Ellen Henseler, Bonn: 98 (uli), 112 (o); Nobert Kaschel, Neidenstein: 16 (oli), 19 (ure), 109 (beide), 114 (ure); Manfred Pforr, Langenpreising: 42 (uli), 43 (o), 56 (oli), 76 (uli), 80 (ure); Wolfgang Redeleit, Bienenbüttel: 4(ore), 5(u),6/7,18 (ore), 33 (ure), 45 (oli), 46 (u), 54 (oli), 58/59, 62 (uli), 63 (ore), 67 (ure), 69 (ore), 79 (ore), 80 (oli), 101 (uli), 107 (ore), 108 (uli), 115 (oli); Hans Reinhard, Heiligkreuzsteinach: 1, 2/3, 8/9, 10 (ure), 22/23, 26 (ore), 27 (ure), 28 (oli), 29 (oli), 36 (ore), 37 (o), 38 (beide), 40 (ore), 66 (o), 72 (u), 84 (uli), 85 (ure), 86/87, 89 (ore), 97 (ore), 110/111 (mittig), 113 (ore), 116 (oli), 117 (uli); Gerald Remann, Wien: 24 (ure), 48 (mre); Ralf Roppelt, Stuttgart: 33 (oli), 35 (ure), 41 (ure), 44 (u), 55 (ore), 60 (uli), 65 (oli), 92 (ore), 94 (mittig), 99 (ore), 104 (ure), 106 (ure); Manfred Ruckszio, Taunusstein: 13 (uli), 17 (ure), 21 (ore), 34 (ore), 36 (uli), 46 (oli), 47 (ore), 52 (ure), 70 (oli), 71 (uli), 78 (ure), 85 (oli), 88 (uli), 91 (mittig), 93 (ure); 100 (oli), 102 (ure), 103 (ore), 105 (ure); Verlag am Goetheanum, Dornach (Schweiz): 12 (oli); mit 23 Illustrationen von Archiv: 14 (uli); Marianne Golte-Bechtle, Stuttgart: 64 (u), 74 (ure); Jochen Gündel, Radebeul 30 (u); Reinhild Hoffmann, München: 96 (uli); Wolfgang Lang, Grafenau (Württemberg): 11 (ore), 15 (ure), 25 (ore), 29 (ure), 31 (o), 51 (ore); Horst Lünser, Berlin: 32 (oli), 61 (oli), 61 (ore), 68 (uli), 73 (oli), 73 (ure), 77 (beide), 81 (ore), 82 (ore), 112 (ure)

Umschlag von Friedhelm Steinen-Broo, eStudio Calamar, Spanien, unter Verwendung von 3 Farbfotos von Ursell Borstell, Essen (Gartenbild); Norbert Kaschel, Neidenstein (Portrait); Hans Reinhard, Heilgkreuzsteinach (Mond) und einer Illustration von Markus Schärtlein, Stuttgart (Hintergrundgrafik nach Vorlagen von Norbert Kaschel, Neidenstein)

Mit 93 Farbfotos und 24 Farbillustrationen.

Die Deutsche Bibliothek – CIP-Einheitsaufnahme

Ein Titelsatz für diese Publikation ist bei
Der Deutschen Bibliothek erhältlich.

Gedruckt auf chlorfrei gebleichtem Papier.

ISBN: 3-440-08824-3
Lektorat: Angelika Throll-Keller und Markus Wittenzeller
Grundlayout: Atelier Reichert, Stuttgart
Gestaltung: Guido Schlaich, München
Produktion: Heiderose Stetter, Markus Schärtlein
Printed in Spain / Imprimé en Espagne
Satz: Markus Schärtlein, Stuttgart
Druck und Bindung: Egedsa, Sabadell

Alle Angaben in diesem Buch sind sorgfältig geprüft und geben den neuesten Wissensstand bei der Veröffentlichung wieder. Da sich das Wissen aber laufend weiterentwickelt und vergrößert, muss jeder Anwender prüfen, ob die Angaben nicht durch neuere Erkenntnisse überholt sind. Dazu muss er zum Beispiel Gebrauchsanweisungen und Gesetze beachten.

KOSMOS Postfach 106011
D-70049 Stuttgart
TELEFON +49 (0)711-2191-0
FAX +49 (0)711-2191-422
WEB www.kosmos.de
E-MAIL info@kosmos.de